好話、好人、好書，
讓孩子未來的路充滿善與愛。

閱讀，讓希望綻放

靜思閱讀書軒足跡

蔡青兒——著

閱讀，讓希望綻放——靜思閱讀書軒足跡

目錄

【推薦序】與書為友的閱讀之島　釋證嚴　006

【推薦】各界喜閱推薦　賴清德等　010

【緣起】為閱讀提燈，點亮孩子未來希望　蔡青兒　015

【第一篇】我的校園有書軒

第一章　點亮角落的光，分享愛與關懷　020

這三年，走遍臺灣的美麗鄉鎮。我很幸福，每天被好書、好話、好人圍繞，應該與更多人分享。到臺灣各鄉鎮校園設立靜思閱讀書軒，不僅是分享好書，更是分享來自許多人的愛與關懷。

第二章　重建崩壞家園，點點滴滴都是愛　052

一九九九年，臺灣發生九二一大地震，強震使得許多校園破損不堪。當時證嚴法師（後文尊稱「上人」）勾選了五十所校園重建，有人問：「為什麼雖然知道沒有錢，依然堅持重建這五十所希望工程？」上人回答：「我不知道錢在哪裡，但我知道愛在哪裡。」一切，歸於愛。

第七章　在社會大學深造，思考生命方向　288

「靜思」是靜靜思考生命的方向。願每一本好書，都可以讓來這裡「深造」的朋友，找到心靈上的平靜及生命的方向。願人人時時正向思考，為天地積聚福氣，祝福天下無災無難。

【第二篇】這些人．那些事——關懷社會的起心動念

每當看到社會上這麼多有心的人，總覺得很有希望。他們展現了生命的謙卑與溫暖，臺灣社會有這麼多的愛，真的很難能可貴。因為有他們的愛心捐贈，讓校園有一方沉澱心靈的處所，書香人文伴隨，讓下一代在希望與愛中成長。

人物側寫1　證嚴上人——付出無所求，還要感恩　304

人物側寫2　我的父母與菲律賓慈濟人——愛無國界，為孩子鋪人生道路　308

人物側寫3　誼遠控股體系董事長陳致遠——善念匯聚，讓愛傳出去　313

人物側寫4　國際攝影大師李屏賓——以母親之名行大愛　316

人物側寫5　榮成紙業董事長鄭瑛彬——以善以愛為寶，默默付出　320

推薦序

與書為友的閱讀之島

釋證嚴

近幾十年來，因為科技發達，閱讀習慣似乎也跟著在改變中。從紙本書籍進展到電子書，強調薄薄的一臺平板電腦就可以收納一座書城。從小學生、中學生的讀本到中外各種領域的書籍，中文的、英文的、日文的、俄文的……等等，無不包容海納。看起來是很便利，但是，似乎缺少手指翻閱紙本書籍的溫度；再說，如若不用心閱讀，將知識納入自己的八識田中，書海浩瀚，終歸只是過客而已。

靜思書軒成立已有二十年歷史了，以推廣好書為宗旨。包括社會人文藝術、品格教育、醫療保健、科學知識、環境教育等等書籍，分布在全臺各地乃至大陸、海外的分店，為步調緊湊、生活緊張的現代人，提供一個思索沉澱的空間。

推廣好書不遺餘力

很感恩靜思書軒營運長蔡青兒，她心寬念純，推廣好書不遺餘力；其實她真正的夢想，是希望孩子能透過閱讀提升人文素養，進而陶鑄開朗寬濶的胸襟與視野。於是，二〇一七年春天，校園第一間「靜思閱讀書軒」在屏東縣高樹鄉高泰國中設立後，三年之間，全臺包括澎湖、綠島、金門、小琉球等離島，總共設立了一百五十間靜思閱讀書軒。學校規模從四千八百名師生的新北市南山中學，到離島偏鄉只有四十位學生的綠島國中，靜思閱讀書軒贈予的是等同無差別的五百本好書，包括社會人文、醫療保健、人文藝術、科學知識、勵志故事、繪本，還有《靜思語》等等讀物，以及一對菩提鐘鼓，和福慧桌椅。

離島偏鄉因為學校規模較小，資源有限，孩子的受教權遠遠落後都市的學校。有了這方閱讀空間，每當下課鈴響後，孩子們就聚攏到學校的靜思閱讀書軒，挑選自己喜歡的書籍，津津有味的閱讀著。閱讀不僅打開孩子的視野，也薰習他們的品德，還能增加知識，為人文素養增添養分。一旦閱讀養成習慣後，自然會帶動孩子自主學習。

靜思閱讀書軒的設置，不僅利益孩子，連家長也受惠了。譬如苗栗公館國中，家長在校門口等待接孩子放學，待久了不免心浮氣躁。現在有了書軒，家長可以進來小坐片刻，聽音樂、喝杯茶，瀏覽一下好書；即便是在等待中，也可以澄靜心靈，增添慧命的養分。

無論哪裡，有因緣就去

學校設置靜思閱讀書軒，究竟會給孩子帶來何種啟示呢？來自臺東成功鎮，全校只有六十三位學生的三仙國小校長邵雅倩的見證最深中肯綮：「第一次接觸到靜思閱讀書軒優雅素淨及其背後感人的深義。在偏鄉獲贈圖書的機會很多，但把贈書和養心融合，將殷殷善意如此完整具體奉獻的只見靜思閱讀書軒。除了感動更是感恩！」

臺灣的國民教育很普遍，但不可諱言的，城鄉差距卻也愈來愈大了。由慈濟援建的杉林國小校長陳淑惠滿懷感恩的說：「這裡有很多孩子都是單親、隔代教養或新住民的孩子，靜思閱讀書軒可以讓孩子在優雅的環境中讀到好書，同時也在小小單純的心靈種下善的種子。」

不論山陬海澨，或是監獄高牆，只要有因緣，都很樂意在該校設立靜思閱讀書軒，只希望好書能幫助兒童青少年接觸到正向的思維，豐厚自己的人文底蘊；也讓現代人紊亂緊張的心緒得到沉澱，找到人生正確的方向。全臺一百五十所學校得以順利設立靜思閱讀書軒，特別要感恩所有在幕後出錢出力的菩薩，還有蔡青兒歡喜心的奔走促成，圓滿所有師生的心願，希望人人與書為友，社會更增祥和美善。

各界喜閱推薦

散發良善力量的地方

人的一生，不一定有因緣遇到一個能夠影響你且意義深遠的人，但卻很有機會讀到一本可以改變一生、豐富生命的好書。我想，靜思閱讀書軒正是這樣扮演散發良善力量的地方。

《閱讀，讓希望綻放》紀錄蔡青兒在偏鄉學校成立靜思閱讀書軒的許多動人故事，她用閱讀點亮孩子的未來，也傳遞人間良善的力量，非常值得一讀，推薦大家細細品味。

——副總統　賴清德

靜思、沉澱，長成更好的人

在慈濟醫院照料住院家人的空檔時間，我很喜歡到靜思書軒，喝一杯飲料，翻翻書籍雜誌，享受繁忙醫院裡難得的氣氛。這是一個讓我可以在擔憂家人病情之餘沉澱心境的好地方，就如其名「靜思」。這種氣氛，讓人跳脫俗世，洗滌心情。

全臺灣許多偏鄉小學能夠擁有靜思閱讀書軒，是一種福氣，真是佩服蔡青兒的用心。我相信一定有許多小朋友會跟我一樣，感受到同樣的靜思、沉澱氣氛，成長為更好的人。

——前行政院院長　張善政

愛心無限，點亮偏鄉

靜思語曾說：「有心就有福，有願就有力。」靜思閱讀書軒匯集民間善念，廣布偏鄉、推廣閱讀，不僅造福學童，也讓許多志工得以開墾自己的福田。

目前每十萬臺南人擁有二．三四座圖書館，這比例雖然是六都第一，但偏鄉的圖書資源仍需更多資源投入。感謝蔡青兒營運長用單純的善心做宏大的善事，打造臺南成為一個有愛的城市，我們一起努力。

——臺南市長　黃偉哲

故事，在你我身邊流動

身為一個長期的教育工作者，我始終認為，閱讀是成長與學習的關鍵力量，只要開始閱讀，生命的活水將源源湧入。我的閱讀三部曲，其一是「閱讀」，書中自有萬般知識在；其二是「悅讀」，歡喜增長人生智慧語；其三是「樂讀」，道德實踐生命樂其中。閱讀是一種習慣的養成；從閱讀到悅讀，是一種生活的態度，從悅讀到樂讀，是一種生命的故事。

蔡青兒為實踐上人「教之以禮、育之以德」的教育理念，著手推動學校「靜思閱讀書軒」設置計畫，才不過三年的時間，一間接著一間成立，從本島到離島、從海內到海外，已經在各地播下堅實的閱讀種子，嘉惠學子無數，許孩子們一個希望的未來。

我有幸參與其中幾所靜思閱讀書軒設置的過程，也曾在監獄關懷成立，窗明几淨空間雅致，數百種優良圖書陳列其間，提供舒適閱讀環境。最令人讚歎的是，學校老師與慈濟志工為孩子導讀說故事，一幕幕帶領孩子成長與學習的無私奉獻，讓閱讀書軒發揮了愛與榜樣的力量。

喜見蔡青兒大作《閱讀，讓希望綻放》付梓之際，感佩無似，聊綴數語分享見證，愛的故事在你我身邊流動，生生不息！

——臺北市副市長　蔡炳坤

寧靜的空間，幫助人心安定

二〇二〇年二月，在我家第一次見到蔡青兒。她和善、開朗，明亮的笑容讓周圍充滿陽光。之後她帶我去參觀了信義誠品五樓的靜思書軒。我很意外，在人員川流不息的商場裡面，竟然有這樣一個安靜雅致、充滿書香的人文空間。在這裡點杯飲料，從書架上取本書來閱讀，很快就能把心安定下來。她說，靜思閱讀書軒在臺灣已經有一百五十間，從繁忙的鬧市中心，到人煙稀少的鄉間學校，都鋪起了寧靜的空間，幫助人心安定，默默進行佛法的傳承。

蔡青兒全家都皈依了上人，為慈濟志業全心全力奉獻。看著她忙碌卻快樂的身影，看著靜思閱讀書軒在臺灣的每一個角落發光，我們可以感受到佛法傳承的無限希望。

——聯電榮譽董事長　曹興誠

從閱讀獲得思考能力與人生方向

每當我們想到投入公益慈善志業的人，眼前出現的常是嚴肅、老沉，不假言笑的畫面。但本書的作者卻常常面帶笑容，既親切又誠懇，充滿熱忱。學者、大師、老奶奶、小朋友都喜歡與她互動，也因而受到感染。

從無到有，從第一間靜思閱讀書軒到第一百五十間，描繪的都是老師、學生和校長與她結緣的畫面。希望我們都能從閱讀中，獲得一些手機、電腦所不能提供的思考能力，還有人生方向。而這正是蔡青兒在本書中想與我們分享的。

——中文卡內基訓練創辦人　黑幼龍

讓閱讀如繁花盛放

如果要讓閱讀如繁花盛放，就得為孩子們建一座花園。靜思閱讀書軒興建了一座又一座花園，播下無數的種子。我看見閱讀的力量，也感受到慈悲的光輝。

——作家　張曼娟

晨之露水，化為仙子

清晨一滴露水，晶瑩剔透。它雖然只是葉片上凝聚水氣而成的一滴露水，卻水汪汪的，且飽滿自成圓弧形。露水於葉片上流動之時，沒有阻力，你甚至會以為它有笑容，錯覺它會散發香氣。如果晨之露水，化為仙子，形為人身，它就是青兒吧！

——媒體人、作家　陳文茜

讓更多學生有機會養成閱讀的好習慣

太棒了！蔡青兒為推展靜思閱讀書軒到全國各地的精彩過程出書了！

這個過程是令人感佩的，值得讓更多的學校、老師、學生知道靜思書軒對推動閱讀所做的努力，也可以看到蔡青兒的樂觀、熱忱及影響力。更希望有更多的善心人士，願意協助推展閱讀書軒到更多的學校，進而讓更多的學生有機會養成閱讀的好習慣。

——高雄餐旅大學教授　蘇國垚

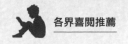

為多元閱讀扎根、培養人文精神

長期研究投資趨勢、產業動態以及兩岸關係，我經常從生活細節觀察社會變化與產業脈動。我的觀察力，應該是來自於就讀政大時期每天閱讀的習慣。

多元閱讀很重要，臺灣應該更重視人文精神的保存與發揚，「靜思閱讀書軒」所做的，就是為多元閱讀扎根、培養人文精神的教育大事，這會是留給未來珍貴的資產。

這本書紀錄了蔡青兒開始推廣這個計畫之後，一路走來的心路歷程，有許多感動人心的故事，非常值得閱讀。

——財訊文化執行長　謝金河

校園中的靜思書軒，撫慰更多心靈

喜來登飯店為第一間靜思書軒進駐，以及放置《靜思語》於客房內供旅客閱讀的飯店。此舉不但提升了飯店的形象，同時也帶給飯店不同於其他飯店的文化氣息。而且，我們意外的發現，客人帶走《靜思語》的機率很高。《靜思語》裡面的靜思語錄及正面能量，撫慰了每位經常在外奔波的旅客疲憊的心靈，以及帶給忙碌的現代人發人省思的念向，和身心靈上的寧靜。

非常開心透過這本書，看到靜思書軒這三年在臺灣許多鄉鎮的校園設立「靜思閱讀書軒」，讓無論是都市或偏鄉的老師、孩子甚至社區民眾，都可以讀到《靜思語》以及其他許多好書，這是非常有意義的事。

——寒舍餐旅董事長　蔡伯翰

緣起

為閱讀提燈，點亮孩子未來希望

蔡青兒

可以在靜思書軒服務近二十年，每天圍繞在書香、咖啡香、心靈香，是很幸福的事。

二〇〇二年，臺北市信義商圈的新舞臺表演廳一樓，開了一間靜思書軒旗艦店，當時我承擔了店長的角色。繼新舞臺店之後，又在好多個據點陸續成立了靜思書軒，包括臺北喜來登大飯店、慈濟醫院各地的分院、靜思堂，以及現在的誠品信義店等。目前臺灣的靜思書軒有五十個據點，加上世界各地的據點，包括美國、馬來西亞、印尼、紐西蘭、澳洲、中國大陸、菲律賓等等，共有一百多家。

將福分與更多人分享

在靜思書軒工作是一種幸福，因為可以受到許多至真、至善、至美的人、事、物薰陶。

感恩上人及姚仁祿師兄（姚爸爸）的提拔，讓我在新舞臺旗艦店開始服務，之後在臺灣各地成立靜思書軒。

在靜思書軒多年，我可以讀到上人的好書，在人生道路上有很清楚的方向。而上人所寫的每一本書，都是他以身作則、一路走來的點滴。書軒還有許多優秀作家的書籍，以及醫生、護士與各行各業的人品典範。透過這些書籍，為我開啟了世界的一扇窗，而這扇窗是光明幸福的。

我很慶幸自己每天身邊圍繞的，都是美好的人事物，總覺得應該把這福分與更多人分享，所以就想，可以到校園設立靜思閱讀書軒。多加了「閱讀」兩個字，因為與靜思書軒不同，這裡的書籍沒有流通，就是送給校園，讓老師、孩子甚至開放給社區閱讀。整個空間的布置，桌子椅子等等，都希望在校園的某一處帶來寧靜，是個充滿美善的空間。

為偏鄉孩子圓夢閱讀

慈濟基金會為改建老舊危樓校舍，啟動「減災希望工程」。新校舍啟用後，我和志工到高泰國中贈書。當時的校長印永生，提出在校內設立靜思書軒的想法，這讓我興起為偏鄉孩子圓夢閱讀的構想。我很支持校長的想法，但應該不可能在偏鄉設置靜思書軒。因此，這念想我一直放在心上。

一次到花蓮贈書，我特別前往瑞穗國中，想了解和碩聯合科技董事長童子賢回饋母校所整建的圖書館是什麼樣子。原來，這座圖書館採誠品書店設計風格，並成為學生最愛去的地方。這個模式給了我靈感，衍生了「靜思閱讀書軒」的構想。這帶給我很大的啟發——把空間布置得明亮、整潔、溫馨，孩子就會喜歡閱讀。

兩年多前，我有機會帶著誠品書店創辦人吳清友先生到花蓮靜思堂走走。他看到我們的福慧桌椅、福慧床，認為很適合用到偏鄉，讓孩子坐下來讀書。他們所說的話，都給我很多的學習跟啟發。

善的種子在幼小的心田發芽

長期在靜思書軒閱讀好書，我深切體認，閱讀不只是知識的傳輸，更可以陶冶心性，成為生活的能量，上人的《靜思語》，更是指引我人生方向的明燈。若能將《靜思語》好話實踐於日常生活中，人生就不會偏差。因此，讓學子人手一本，讓善的種子在孩子幼小的心田發芽，這樣的輪廓漸漸清晰。

雖然開始計畫，但要辦理靜思閱讀書軒一定要有經費贊助。在企業家陳致遠鼎力贊助下，就這樣，全球首座「靜思閱讀書軒」在屏東縣高泰國中誕生了。

「靜思閱讀書軒」透過空間營造，讓孩子與老師都能夠貼近閱讀，擴大視野，從閱讀中得到滋養和安慰；學校也開放靜思閱讀書軒給社區民眾，畢竟，有些地區連書局都不容易經營。

留存珍貴的誠與情、愛與善

我的父親蔡萬擂曾說，成立靜思閱讀書軒，讓師生可以接觸正知、正見的好書，比造橋鋪路善行更大，書是最好的良師益友，更是智慧的傳承延續。父親這些話，更加深我推廣靜思閱讀書軒到校園的決心，期盼培養人文與品德，尤其是翻轉偏鄉孩童的人生，為全臺閱讀風氣與資源短缺的學校提燈，點亮孩子未來希望。

決定將這段期間到臺灣各地設立靜思閱讀書軒所看到的人、事、物寫下來，出版成書籍，主要是將許多珍貴的誠與情、愛與善留史。有些事可以忘記，但別人給予的愛，都要留下來。

感恩非常專業的主編吳毓珍，陪伴我完成這本書籍的出版。每一天都有新的故事發生，靜思閱讀書軒也持續成立中，我一路一直增加故事，感恩她的耐心、鼓勵及協助，才能讓這本書順利出版。版面有限，我無法把每一間走過的校園都寫進來，但對我來說，每一個足跡都充滿感恩，每一個歷程也都深刻、難忘與美好。

第一篇

我的校園有書軒

第一章

點亮角落的光，分享愛與關懷

這三年，走遍臺灣的美麗鄉鎮。
我很幸福，每天被好書、好話、好人圍繞，
應該與更多人分享。
到臺灣各鄉鎮校園設立靜思閱讀書軒，
不僅是分享好書，
更是分享來自許多人的愛與關懷。

新北永和國小
——推廣好書閱讀，帶動人文薰陶

有九十九年歷史的新北市永和國小，三年前舉辦《靜思語》送書活動，這是新北市第一所校園靜思閱讀書軒啟用。全校師生兩千五百人集合在操場上，許多可愛的小學生，充滿了生命力。為了迎接這個空間，永和國小特別挪出一間教室，還重新油漆、加設了門，將燈都打亮了。

每一間閱讀書軒由不同人發心認養設置經費，這間書軒是由慈濟志工林淑萍師姊護持經費，陳秀琇師姊協助牽線，她也帶動不少北部校園閱讀書軒的設置。學校老師陪著我們的同事及志工布置，合力完成這個充滿書香的園地。

曾燕春校長說：「不只是孩子需要閱讀，老師們更需要閱讀。閱讀可以拓展他們的視野，這是我們成立靜思閱讀書軒的目的。」當天有多位校長及主任蒞臨分享心得，每個人都很有心，希望推廣好書閱讀，帶動人文薰陶，寬闊思維交流。聽著大家的分享，心中很歡喜、也充滿希望。很喜歡一句靜思語：「時時好心就是時時好日。」一句好話、一份祝福，就可以讓週遭沐浴在幸福與感恩中。

永和智光商工、中和國中
——讓好話深植人心，為社會注入美善力量

《靜思語》進校園已有多年，時任新北市永和的職業學校智光商工校長陳炳輝，慎重的安排了朝會的時間，讓我們分享靜思語給兩千四百多位老師及學生。不只培養閱讀力，更要用知識廣結善緣。

校長陳炳輝說：「每個同學都有一本《靜思語》，把它傳遞出去，再利用不同的場域辦一些比賽，或是請老師利用班會或週會的時間來閱讀。」

陳校長遺憾自己的學校空間不足，無法成立閱讀書軒，特別邀請好朋友、時任中和國中的呂治中校長參加啟用典禮。

我的靜思語

智光商工學生鄭宇翔：「關關卡卡耐心鋪平，坎坎坷坷用心行走。」人生不可能都平平順順的走，畢業後踏入職場，一定會遇到一些波折，坎坎坷坷，這句話對我很實用。

呂校長希望能在中和國中有一間閱讀書軒，讓國、高中的孩子可以讀到不一樣的書籍，蘊含生命的智慧。二〇一八年十月，中和國中靜思閱讀書軒成立，深深影響呂校長，他希望可以讀完書軒的每一本書。

呂校長說，他很榮幸有好幾次機會跟上人見面，也親自到花蓮靜思精舍走訪，了解慈濟的起源。他特別喜歡《隨師行腳》這本書，他說：「我把這本書從頭到尾翻閱了一次，阮義忠師兄與夫人詳細紀錄了上人行腳的點點滴滴。我非常喜歡旅行，從這本書中發現，其實上人給我們的就是一種善的因緣，靜思閱讀書軒正是希望在學校播下善與希望的種子。書軒成立後，在學校發揮非常大的效果，除了老師之外，學生也非常喜歡到書軒，空間的改造潛

移默化，讓孩子和老師心中的種子慢慢萌芽。」

後來呂校長利用暑假，到花蓮靜思精舍住了一晚。在那裡他深深感受到，上人能從小小的靜思精舍開始，成就偉大的志業，真的很不容易，這其中一定有一個很大的動力。他說，其實生命的每一分、每一秒，都在我們一舉手、一投足當中，不斷的流逝，如果能夠珍惜這一分一秒，推動善事，必定可以累積好的因緣跟結果。

呂校長於二〇二〇年調任新店五峰國中，他期許自己持續以「為人點燈、明在我前」的教育工作為人生志業。因為為人點燈時，照亮的其實也是自己前面的道路；更希望未來在新的學校裡，也能繼續成立靜思閱讀書軒。

臺北景文中學
——好書如同甘霖，滋潤心田

下著細細小雨的週一，期待雅致的靜思閱讀書軒可以帶給大家靜思，讓一本本好書，如同外面的雨一樣，滋潤每個人的心田。

當時的校長許勝哲說：「既然要做，就要做到最好！」有位高中部的學生說，學校開學後，他發現這個教室很不一樣，好喜歡這個空間，以後如果心情不好，就可以來這裡閱讀一本好書。除了學生使用，這裡也提供每天送便當的家長休息片刻，閱覽好書。

學校當時的董事長施河那天特別陪伴我們。他就像個和藹可親的長者般，為坐在一旁的我分享許多他對於教育的心願。他告訴我，希望這裡的學生都做「好好人」。

當時在學校帶動《靜思語》教學的朱秀蓮老師，也

是這間閱讀書軒的重要推手之一。聽著自願來分享的學生說出自己閱讀的心得，令人讚歎！從吉他、演唱、二胡及口琴的演出，看得出學校對於藝術及人文的用心。

國文科林保吟老師也提到，除了可以在這裡享受閱讀、開會共同研討國文科教學，也會鼓勵孩子共讀，共讀後再帶他們到這裡發表心得，並記得把讀書的心得回饋給家人，一起成長。

靜下心，向上、向善、向光明

高二學生卓舒語與毛韻婷分享，她們都是開學進校園的第一眼，就發現這個煥然一新且吸睛的空間。卓舒語覺得，當心情不好、浮躁時，書軒是沉澱心靈好去處。她在暑假時讀了《靜思語》，發現雖然每一句字數不多，卻蘊含很深的意義，一句話就值得思考一天，可謂微言大義。毛韻婷則很喜歡書軒的設計色調，讓人很容易專注，拋開雜念沉浸在閱讀中。

「很高興看到靜思閱讀書軒成立。」全校第一個受邀來書

"
我的靜思語

高二學生卓舒語：「愈是不想承擔責任，就會更感受壓力；若提起勇氣將責任擔起來，就無所謂壓力了。」我的個性容易逃避，看了這句靜思語，思考過後覺得還是要勇於面對不喜歡的事情，接受挫折，才會成長。
"

軒體驗的八〇三班導師陳婉麗從學生聯絡簿的回饋知道，孩子的心田已然種下善的種子。觀察到孩子在書軒翻看書籍，享受閱讀的愉悅神情，她欣慰的說：「身為老師，很高興能給孩子們正向能力的書。老師都非常認同學校重視品格教育，鼓勵學生把心靜下來，向上、向善、向光明，書不會讀得差，也有責任感與使命感。」

二〇一八年九月成立了景文中學靜思閱讀書軒後，二〇二〇年十二月，我們再度回訪校園，補上許多新書。新接任的校長黃景生溫文儒雅，曾在不少公立學校擔任過校長。他接任校長後，一樣很用心帶動靜思閱讀書軒的使用。書籍、空間都維持得很好。他覺得學生的國文課可以在這充滿書香的空間上課，寧靜心靈，涵養人文。

新北深坑國中
——讓善念種在心上，共享知識芬芳

二〇一八年，當時的深坑國中校長陳春男受邀參加臺北市景文中學靜思閱讀書軒成立典禮後，對深坑國中前家長會長、同時也是慈濟志工張秀玲的一句「我也要」，促成日後深坑國中書軒的啟用，張秀玲師姊很感恩各界的統籌募款成就。

許多人用心投入打造的最佳學習場域

一句話很容易說，過程卻不簡單。縱使學校有場地、縱使在地的文山區慈濟志工很快在十月募集到書軒陳設的五十萬經費，但陳校長和張秀玲心中想的卻不是在一間教室裡擺擺書就好。他們希望營造不一樣的書軒，提供學校師生使用外，更希望提供給社區鄉親，透過善知識與善能量的匯聚，涵養並改變在地文化。

「我到任時秀玲跟我說，深坑有很多弱勢的中低收入和隔代教養的孩子，我聽了不可置信，深入了解發現是真的。」學數學的陳校長透過統計數據發現，真如張秀玲所言。「除了教小孩，如何擴大、教大人，才有改變社區的可能。」陳校長想

到，在學校把孩子教好了，如果回到家庭或社區的環境不好，很可能會前功盡棄。他希望透過閱讀，讓學生學習到影響生命的好品格，在面對人生關卡時，更能堅持、更有挫折忍耐力，比別人多一種選擇。

陳校長更期盼學生每天點滴累積所受到的照顧，長大成人後回饋鄉里、學校和社會。一思及此，一向理性的他內心充滿激動，十一個月來的忐忑不安，如今化為真實的可能，在在印證「有願就有力，有心就不難」。

深中書軒的美可說是數一數二，但願大家記得這裡的一草一木、記得這裡是許多人用心投入打造出的最佳學習場域。

掘井人，流汗打造社區書房

深中靜思閱讀書軒設計者林正雄教授是石碇華梵大學建築系主任，深坑老街的形式格局與臺北市北門的古蹟保留等，都是他的作品，他希望靜思閱讀書軒由大家共同動手完成。他以庭園風將書軒的情境氛圍延伸到室外，書軒戶外是師生課後最好的談天說地的小廣場，連幼兒園的小朋友都開心的在「靜思森林」中跑動。

「如果說校長是許願者，我就是耶誕老公公，」笑著回應校長「我也要」那一念，林正雄提及：「過程中最大的體會就是，有一個很大的心願，而我是促成者、催化劑。」他心懷想要打造不一樣特色的深坑老街理想，深中的提案與他正好相應。加上他觀察現場，閒置的樹林如果重新打造，反而可以成為源頭活水。他相信，只要「挖那個

井出來之後，大家就有水可以飲用。」

「我想打開窗戶，盡量落地，窗戶放下來，把自然的景色引進來。」規劃有了，但這樣的想法需要累積很多的能量。不管是經費或人力，剛開始大家都不是很有把握，再加上如果是以公共工程的方式發包興建，恐有窒礙難行之處。幸好社區的資源陸續進來，也設想出有哪些節省經費、不花錢的方式，符應林正雄想要的「社區來參與、學生來動手，才會認同，才不會以為許個願望就真的從天上掉下來。」

也因此，除了專業部分交給專業人士做，可以大家一起動手的，他都帶著師生、鄉親和慈濟志工一起做，連太太和深中畢業的兒子也一起揮汗幫忙。「撩落去做」的他，雖然辛苦又沒有報酬，卻做得滿心歡喜。林正雄不但是建築專家，還擅長製作古琴，典禮結束後他輕撥琴弦，在靜思森林的秋楓下演奏，正好與古色古香的書軒相輝映。

這間靜思閱讀書軒會開放給社區使用，提供社區民眾才藝研習，大家共享書香社區的美好。

足跡・心路

因為愛，才能看見愛

陳春男是很好的校長，他在深坑國中任教，學校和隔壁的早餐店互動良好，只要遇到學生蹺課，店家都會跟校長聯繫，讓校長可以後續關心。

那天，深坑國中靜思閱讀書軒啟用空檔跟陳春男校長互動時，聽到一段橫跨快二十年的真實故事，令我非常震撼。在這二十年當中，因為原諒、因為愛，因為上人的《靜思語》，使事情有了不同的結局。

陳校長自幼家貧，但一直很認真學習。他小學二年級就開始到工廠工作，被空壓機壓到兩次，傷到手指頭，共斷了四指。雖然如此，仍然不改他投身教職的熱忱。他靠著半工半讀一步一步完成學業，後來考上師範大學，成為老師。現在的他，還可以寫很美的毛筆字。

有一天，在國中擔任三年級導師的陳春男，晚自習時間有兩位學生因嬉戲推擠，導致其中一名學生傷及腦部，送到醫院急救無效往生。這件事當時轟動社會，他可能被懲處而失去最熱愛的教職工作，妻子也即將三度臨盆，面對有如排山倒海而來的壓力跟指責，當時心裡相當煎熬。

就在如此煎熬的時刻，往生者的家屬黃先生夫婦竟然選擇原諒，原諒所有人，並且請

求主管單位不要對任何人進行懲處，讓原本會波及甚多家庭及個人的意外事件，得以化解。更難能可貴的是，陳校長的妻子生產時，黃先生夫婦親自到醫院探視，帶來溫暖，並告訴他那是一場意外，他們不會責怪他，還感恩他曾經是孩子的老師。

一般人面對這樣的事情，實在不容易接受，但黃先生夫婦卻選擇原諒。原來黃先生是慈濟志工，他記得上人的靜思語：「原諒別人就是善待自己」，還有「普天三無」：「普天之下沒有我不原諒的人、普天之下沒有我不愛的人、普天之下沒有我不信任的人。」他們甚至安慰了推擠兒子的同學，請他要放寬心，不要自責。因為他們的原諒，讓陳春男校長得以繼續奉獻、作育英才，將善的清流綿延下去，成為一位好老師、好校長。

多年過去了，跨越生死、超越時空，因為原諒，阻止了數個家庭悲劇的再次發生，也播下美好的種子，讓更多的愛與善，成就永恆慧命的真實故事。

深坑靜思閱讀書軒啟用那天，黃師兄還有一群志工都來參加，一起送上祝福。

新北大觀國小
——美好因緣，讓愛與善的循環不間斷

在一次小聚當中，多年好友溫佳穎（Maggie）聽到校園閱讀書軒，當場說要認養一間。從大學時認識Maggie，我們每年年底都會一起在臺灣參加慈青海外營。後來，Maggie從澳洲回到臺灣，投入職場。為了跟孩子分享許多曾影響她人生的好書，她將工作的錢省下來，支持一間靜思閱讀書軒的成立。很感恩，也令人佩服！

在同事家輝及板橋志工的用心促成下，這個空間成立了。其中一位志工陳恆如師姊跟我說，她在這個學校當志工十多年了，從兒子在這裡讀小學到大學畢業。她也是這裡的慈濟大愛媽媽，到校園說真善美的故事給孩子聽，陪伴他們成長。

感謝有這麼多美好的因緣，讓愛與善的循環在這裡不斷發生。

新北雙溪高中
——身教，是孩子珍貴的一課

前往雙溪高中的前幾天在新聞中看到，由於連日豪雨，瑞芳往雙溪的道路大面積落石崩塌，交通中斷八小時後搶通，幸好並未造成其他災難或人員傷亡。

即使只是從臺北到新北，當天我們從關渡出發，開車依然需要一個半小時。從抵達到隔天離開，東北角一帶的雨都沒有停過。大家都說，雨已經下了很多天，而且會一直持續。

雙溪高中是東北角地區唯一一所完全中學，設有學校宿舍。雙溪高中的靜思閱讀書軒由許多人共同成就，以及和光工業董事長許吉欽的長期付出。這次還結合了基隆及雙溪的慈濟志工，修繕學校一樓閒置已久的教室，成立一間提供師生及社區使用的靜思書軒閱讀教室。連日來，志工們不分年齡，用心進行舊教室改造工程，才得以在當天如期啟用。期待未來雙中學子在靜思書軒閱讀教室中，沉靜閱讀、徜徉書海。

讓孩子學習走入人群付出的典範

雙溪高中校長彭盛佐說，他特別挑選一樓的空間，是因為可以讓社區民眾一起來，住校的老師、孩子也可以常常在這裡閱讀好書。當天曾是彭校長還是老師時的學生、我的同事李昶輝也來參與，他目前是靜思書軒信義誠品店的店長。校長說，看到自己的學生現在投入有意義的工作，與有榮焉。

這天，校長特別邀請九十三歲的慈濟志工、學校第一屆畢業生連吳盆師姊，上臺讓孩子們看看。她除了是校友，也是慈濟委員，走入人群付出，足堪典範。我們都說活到老、學到老，在她身上看不出已有九十三歲，可能是做志工的關係，耳聰目明、手腳靈活、行動自如，依舊保持著付出的心。

由於地理位置的關係，雙溪實際上有許多不易前往的角落，慈濟的人醫會（醫護志工組織）常常利用週末前往雙溪進行義診。探望的對象大多是八、九十歲的長者，因老化而有慢性疾病。醫師不只來問診，也從互動中找回行醫的初衷與熱情。

上人對慈濟志工說：「付出要無所求，還要感恩，感恩對方給你機會付出。」在靜思閱讀書軒除了看到書籍的文字，更可以從許多人物故事中體會他們所實踐的真實人生。這身體力行的身教，對孩子的教育應該是很珍貴的一堂課。

新北豐珠中學
——愛與關懷，引領孩子走向美好

雞母嶺，一個山友並不陌生的名字，從石碇、坪林沿線往雙溪，再穿越過去，就是美麗的貢寮。雞母嶺古道，在清治時期是知名的楊廷理古道，如今也是城市鄉下人的尋夢園。

雞母嶺的小山丘上，站在豐珠中學五樓最高處，可遠望太平洋。新北市立豐珠中學不同於一般的開放學校，是一所中途學校，學生多是保護型個案，校長是他們的家長，老師是他們的父母。

閱讀之前，先體會到師長的愛

豐珠中學靜思閱讀書軒是慈濟的第一百四十九間的書軒。

在還沒展書閱讀之前，學生先體會到的是師長的愛。學校雖然有很多空間，但校舍老舊，最後經過場勘，決定將原本當儲藏室的教室，整修成為靜思書軒的地點。選定地點後，校長、老師和慈濟志工並沒有將裝潢工程發包，而是集眾人之

力，在教室中親手拆卸，重新打造、布置閱讀空間。

拆卸過程中，大家小心翼翼，不論是壁板、書櫃或風扇，人人有共識保護任何堪用的物品。身教、境教，孩子們觀察而受教。啟用典禮那天，看著影片，心中很感動。

當天我有機會聆聽投入教育三十年的陳紅蓮校長述說許多故事，以及這裡的改變，對她深感佩服。她告訴我，豐珠是中途學校，高高的圍牆上有蛇籠和高密度攝影機，以防止學生翻牆逃跑，無論校外活動或放假返家，學生外出都必須經過嚴謹的評估會議通過。她剛來豐珠中學時，晚上常聽到學生大哭（而且是嚎啕大哭），聽了心都碎了。當時她心想，這裡應該是學校，而不是監獄。

校長補充，豐珠的女孩心裡受過傷，加上又被束縛，就會一再想要逃跑，甚至自殘，所以之前常要叫救護車。校長說，其實你愈不讓她們出去，她們就愈想出去。後來她提議在草嶺古道辦開學典禮時，簡直嚇壞了學校的幾位主任，還發函給新北市警察局少年隊，請員警前來協助。

帶孩子一步一步走出美好

幾年下來，除了草嶺古道，還有侯硐「金字碑古道」，透過老師沿路向學生解說，走讀在地文史。有一天，她帶著學生出校教學，一位學生告訴她：「你帶我們出來，我們的人生會不一樣。」

校長及所有老師帶著豐珠的孩子一步一步走出來；果然，她們不一樣了。啟用當天聽她們唱歌，每一位都面貌清秀、歌聲美好。看著她們在書軒開心挑選書籍，閱讀專注，讓人很歡喜。校長說，她們還在啟用前自己試營運，大家都很開心。

和光工業公司董事長許吉欽是瑞芳工商協進會理事長，在瑞芳經歷兩次水災，見證藍天白雲慈悲的力量，進而認識慈濟、肯定慈濟。居中牽線、也貢獻自己力量的許吉欽，從小由奶奶獨力扶養長大的他，深刻體會到青少年的成長需要什麼樣的養分。他說：「我覺得孩子在心靈上都需要愛跟溫暖。除了校長實際的付出，希望孩子具有基本的知識、常識，並且在自己內心種下善、愛以及慈悲力量的種子。」

人世間最深刻美好的禮物

看著靜思閱讀書軒的成立，校長說：「我想這是世界上、這人間最深刻、最美好的禮物。她們（學生）跟我說，校長，我覺得這真的是一個很美好、很美好的祝福，我覺得我們好好命哦。」一位豐珠的學生說：「這裡讓我覺得有一種古典氣息。以前不太會接觸這些文學類的書，但既然有機會就會好好閱讀，我會想要把每本書都看過一遍。」

那天我跟同學們分享，豐珠中學的校園如同世外桃源，在這裡學習，心很寧靜、很單純，也相信因為心很靜，更容易吸收美善的薰陶，透過靜思閱讀書軒的書籍，不只是增長知識，更是增長智慧。希望靜思閱讀書軒就像學校的一個寶庫，能用一本一本的書引領學生未來的方向，如同一盞燈，照亮她們未來的路，讓她們勇敢往前走。

每一本好書就如同生命的老師，也許從書中，人人都可以找到自己未來人生的道路。而我深刻的相信，她們往後的日子會是光彩亮麗的。鋪一條路，大家攜手同行。用愛跟關懷，用真誠跟真心引領孩子，走向美好的人生。

足跡．心路

作者與讀者的另類相遇

那天有個女孩從靜思閱讀書軒架上，拿了一本張曼娟老師的書籍《以我之名》。她一翻開，就看到作者簽名，興奮的給對面的同學看。我看到她臉上的喜悅，走過去跟她說，這真的是張曼娟老師的簽名。

二〇二〇年四月，張曼娟老師到靜思書軒誠品信義店透過直播分享這本書，我們訂了好多本要放在閱讀書軒，感謝老師願意簽名。我還跟女孩說，我幫你拍張照片，傳給曼娟老師分享。

新北私立南山中學
——好書開啟心靈之窗

「讓學生、教師、家長都可以利用這個靜心閱讀的舒適角落，感受人文涵養的力量。」南山中學教學組黃筠雅老師談到書軒的設立，依然滿懷感恩。

昔日美善因緣，開花結果

她憶起二〇一八年三月受邀參訪永和國小靜思閱讀書軒啟用儀式，充滿豐富課外知識的寧靜人文閱讀空間，令教學多年的她心想：「如果南山中學也可以設立，該有多好。」

“
我的靜思語
南山中學學生張君瑜：「方向正確就要堅定前進，莫因挫折徒嘆無奈，要找方法加以改變。」平時就要找自己的方向前進，遇到困難時要找尋解決的方法，而不是一蹶不振。
”

終於，南山中學也成立靜思閱讀書軒了，地點設在熊祥大樓一樓、原本的退休同仁聯誼室。為「淨化人心」默默耕耘的理念而努力，積極爭取將這種子落在南山中學，而今開花結果，黃筠雅老師感佩慈濟志工陳秀琇及其團隊推動美善，串起人與人之間無私的愛。

好書要大家讀，就必須去推廣。教學資源中心主任鄭淑慧安排七年級學生，利用每週一的一節「圖書館利用教育」課程，南山靜思閱讀書軒每週將有固定十一堂課程，排定由導師擔任閱推老師，其他時間則為開放的閱讀空間。管理則由圖書館志工協助，並由衛生組安排班級學生每天定時打掃及環境維護。也有學生擔任導覽志工；曾是板橋靜思書軒小志工、現就讀南山中學的林伯峰就學以致用，將之前當小志工的精神繼續延續。他說，在書軒導覽感覺很好，因為藉著導覽更會努力閱讀，自己從中受益良多。

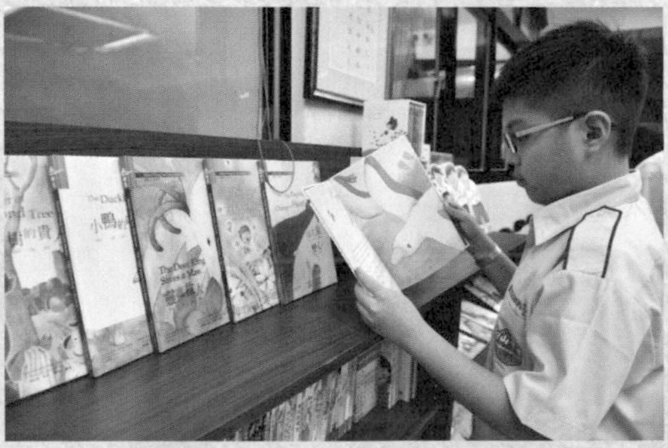

閱讀能帶走的，就是自己的能力

南山中學校長蔡銘城談到，同仁參加靜思書軒開幕活動帶回來的心得，讓他非常感動，留下深刻印象；有機緣在南山建立閱讀書軒，是令人感動與喜悅的事。學校特別選在教師節這天揭牌，除了敬師活動，也鼓勵老師不要忘了教育的初衷。教育成功的關鍵，在於培養閱讀能力，從校園閱讀空間、閱讀課程，甚至延伸至社區，進而接軌國際視野。他也希望孩子將來能充分利用這個空間。因為進到書軒，心自然會平靜；隨手拿起書本閱讀，就可能因著書裡的一句話，一輩子都有幫助。

校長也談到，ＡＩ人工智慧發展神速，科技愈發達，人心就愈重要，尤其是品德教育。若孩子的心向善，科技的能力就可造福社會，若思想有偏差，就會危害社會。閱讀是教育成

“

我的靜思語

南山中學學生王威仁：「面對困難，應堅定信心，努力克服，克服困難就是戰勝魔境。」這句話很適合用在學習上，要對自己有信心，才能自己克服課業上的問題。

”

功重要的關鍵，設立閱讀書軒一方面讓孩子心定下來好好閱讀，透過這樣的建置，也可以讓孩子學習有用的字句。有時候，短短的幾句話，可能就影響他一輩子。他鼓勵孩子，只要進去書軒能帶著走的，就是自己的能力。

現在的孩子對傳統美德比較生疏，生命教育與人的本質更顯重要，透過這些書籍孩子可以了解，學業雖然重要，品德教育更重要。

學校用心，孩子受益

促成這次贈書活動的捐贈人黃獻祥、吳宛瑾夫婦除了捐贈，也感恩南山中學幾個月來的用心籌備，「南山中學口碑愈來愈好，感謝校長與老師給我們機會參與，祝福師生都能共霑美善、幸福滿滿；也祝福因靜思閱讀書軒進駐，學校未來更好，學生更有活力。」

南山中學籌畫半年擴增靜思閱讀書軒，種下善的種子。就像

書軒入口處架上所寫：「好書就如陽光、空氣、水，澆灌心中善與愛的種子」，無論是心靈勵志、小故事大智慧，或是談知足與感恩、孝心與誠實，挑選一本智慧成長的讀本，期待善與愛的萌芽。

第二章

重建崩壞家園，點點滴滴都是愛

一九九九年，臺灣發生九二一大地震，
強震使得許多校園殘破不堪。
當時上人勾選了五十所校園重建，
有人問：「為什麼雖然知道沒有錢，依然堅持重建這五十所希望工程？」
上人回答：「我不知道錢在哪裡，但我知道愛在哪裡。」

一切，歸於愛。

桃園介壽國中
——多元閱讀，讓未來清楚美好

清晨五點多出門，從臺北開車到桃園市區後，還要再開一小時的車程才能抵達復興鄉，全程差不多兩個小時。桃園市介壽國中算是桃園市境內的「最高」學府（地勢最高），也是全復興區唯一的國中。來到這裡，好像來到世外桃源。

介壽國中有兩百位學生，九〇％是泰雅族，孩子們的眼睛閃閃發亮、炯炯有神，充滿活力。相信透過多元的閱讀，可以讓他們的未來更清楚、更美好。閱讀開啟生命另外一扇窗，讓世界更寬闊；而閱讀美善的好書，則讓心種下美善的種子。

從介壽國中靜思閱讀書軒窗外望出去，都是美麗的山，在這裡看一本書，彷彿被天空的雲海圍繞著，心情特別放鬆。那天外面天氣只有十二度，二十多位志工一起陪伴，我們先在校園的戶外廣場舉辦啟用活動，聽著〈讓愛傳出去〉的音樂播出，送上一份溫暖與祝福。真是美好的時刻，更是美好一天的開始。感恩桃園慈濟志工長期到校園跟孩子愛的交流，很開心有當地志工們陪伴，一起走入校園。

THE
EARTH
BOOK

新竹山崎國小
——好書如陽光、空氣、水，滋養內心

一句好話能影響孩子一輩子，一本好書能開啟孩子無盡的智慧。三月二十七新竹縣新豐鄉山崎國小的靜思閱讀書軒是新竹縣的第一間。

當天，鄭陳宏校長與大家分享：「好書如陽光、空氣、水，滋養每個人的內心，而透過靜思閱讀書軒的成立，彼此真誠的互動，這會永遠流傳下去。」

二○一八年，志工王順寬至山崎國小送歲末祝福邀請卡給校長鄭陳宏。鄭陳宏說：「我已經連續七年參加慈濟的歲末祝福了。」王順寬心想，這位校長應該很認同慈濟的人文與精神。接著校長又提到，他到任後最想改造的是圖書館的環境，因為對一所擁有近一千六百位學生的大學校來說，目前的圖書館確實有點簡陋，他希望學校圖書館能像慈濟一樣有人文內涵。

王順寬聽了，心中開始思量：靜思閱讀書軒在全臺各地中小學一一成立，唯獨新竹縣市還沒有，似乎有點遺憾；尤其新竹又是個科技城，更應該推廣閱讀、深入各校。因此，王順寬向校長提及讓閱讀書軒進入校園的想法，校長不假思索、歡喜

接受。雙方也建立共識，未來一定要善加利用這充滿人文的地方，除了提供知識、心靈、道德相關書籍外，也有機會辦讀書會與人文講座。

推廣閱讀，從喜歡進圖書室開始

「在大愛的願力下，靜思文物進入到校園，用心就是專業！」校長鄭陳宏感恩慈濟的師兄師姊。校長接著說，要改變行為，首先要改變環境；環境改善了，就可以在閱讀教育加把勁。未來也要積極申請閱讀教師與志工，透過他們的陪伴，讓孩子多讀書、看好書，在社會上實踐好的行為。

看到今天的場面，幕後重要推手王順寬師兄很激動也很感動。他說，有這個機會能為學校服務，把慈濟的好書帶到校園，真的很有意義。提到文物搬運與環境打掃等前置工作，他感恩許多人共同的護持，其中有很多是山崎國小的校友，大家猶如自家人回娘家幫忙一般，盡心盡力。

很多師兄師姊雖然年紀很大，仍不辭辛勞，從一樓慢慢把

福慧桌、福慧椅，一張張往圖書室裡搬，並利用假日的時間擦玻璃、打蠟，過程讓教務主任葉建明很感動。他也發現，圖書館建置好後，小朋友比較喜歡進來坐下看書。他相信，閱讀教育的推廣，要從學生先喜歡進圖書室開始。

入寶山豈能空手而回？上人的智慧妙語、慈濟相關著作與外版書籍，在靜思閱讀書軒架上整齊陳列著，孩子人手一本，專心閱讀。寬敞明亮的空間充滿書香與人文香，陽光透過窗戶灑落，格外動人。

在一場活動中，經由天下文化社長林天來的介紹，認識了立錡科技前董事長、也是濟安社會福利慈善基金會董事長謝叔亮。他跟幾位朋友從新竹老舊透天厝發跡，靠著用心跟努力，在巨人遺忘的小角落一步步壯大。十二年後，不僅站上臺灣類比ＩＣ領域的龍頭，甚至成為德州儀器無法忽視的競爭對手。

他是科技人，但喜歡看書，充滿人文氣息。偶爾他會來關渡的靜思書軒，我們會喝喝咖啡談心，也分享閱讀心得或生活點滴。記得有一次，我跟他聊起靜思閱讀書軒在校園推動的點滴，當時起步不久，過程

中難免遇到考驗跟瓶頸，雖然也都一一克服了，卻不知不覺就在他面前哭了起來，有點不好意思。但感恩他給予鼓勵跟祝福，他說：「繼續做，這個很好！」我沒有跟他募款，但他主動支持了好幾間校園書軒設立的經費。感恩處處有知音。

足跡・心路

慈濟三義茶園——「大地健康，眾生平安」的見證

一早六點半的高鐵，來到中區校園。下午是另外一間校園的靜思閱讀書軒啟用，中間有一點空檔，同事本亨師兄帶我們到很久沒去的慈濟三義茶園。

靜思書軒流通的茶葉都是這裡種的，曾為九二一受災戶的埔里瓜農陳忠厚師兄，因緣際會成為有機茶農。在他與許多人日復一日、辛勤耕耘與用心維護下，茶園終於成功轉型。

如今的三義茶園展現欣欣向榮的自然生態，汲取天地日月精華的茶樹，使茶葉品質提升、產量增加。不只提供民眾健康的茶飲，更是「大地健康，眾生平安」的見證。

沒有灑農藥，在自然生態下長大的茶樹，最重要的是不使用動物型的有機肥料，而以天然的酵素當機肥。把土地照顧好，茶樹自然長得好；把心地照顧好，再艱苦也能「甘願」。親近這片土地，是如此的美好！讓這裡種的茶，多了一份人情味的甘甜。

苗栗公館國中
——每本書，點滴都是愛

第一百間靜思閱讀書軒在苗栗公館國中成立了，這也是第一間設在苗栗的靜思閱讀書軒。

公館國中校長方麗萍特別說明公館國中靜思閱讀書軒的典故。有一次，她經過一所學校，氛圍特別的寧靜，她駐足、往裡頭看了看。這時有老師走過來，校長問他是什麼單位所捐贈，老師回答是慈濟。校長急著問：「要怎麼樣跟慈濟聯絡？」卻忘了自己的學校就是慈濟所援建的。

回學校後，她積極打電話給慈濟志工林文成詢問：「公館國中可不可以有靜思閱讀書軒？」林文成笑著回答：「校長，哪有這麼積極的？學校都還沒蓋好。」校長努力說服他為什麼要有靜思閱讀書軒。原來，圖書室在校舍改建第二期時拆除了，她希望校舍重建這一年當中，孩子還是可以有很好的閱讀環境，下課時看喜歡的書，涵養豐富的學識，提升他們的素養。

她也期待校園有一個寧靜的環境，讓辛苦的老師們下課時可以去喝杯茶或咖啡、翻翻書，沉澱情緒，讓自己準備好再去上下一節課。還有，家長接孩子時都會在大門口等待，如果學校有個很好的環境，讓家長可以到裡面等候，較不會干擾學習，靜思閱讀書軒真的太適合了。

校長說：「家長進來時如果情緒不佳，可以請他到靜思閱讀書軒，聽音樂、喝杯茶、看好書，等老師來時，家長的情緒會好很多。」她用心良苦，設想周到，期待靜思閱讀書軒不只是一個閱讀的環境，更是親師生可以好好沉澱、溝通、交流的好地方。因此，公館國中的靜思閱讀書軒設置在一樓，讓學生有個寧靜的地方閱讀，也方便每天接送孩子的家長進來坐坐，讀一本好書、喝杯茶，帶給自己一天的好心情。

書軒，是許多不同念頭聚集起來最美好的結果

這也是企業家陳致遠認養的第二間靜思閱讀書軒；二〇一七年七月的第一間靜思閱讀書軒，就是在他的護持下成立。他認養了第一間，說第一百間也一定要讓他承擔。啟用當天他也早早跟大家一起來到校園，給予祝福。他肯定一本書、一句話真的可以影響人，因為推動靜思閱讀書軒走遍偏鄉離島，他看見社會點滴都是愛的

故事。

「看到這麼多人為小孩的教育，一起來成就閱讀書軒，是一件非常美好的事。一個學校要辦得好，除了校長、老師非常的辛勞，還需要大家的力量。包括家長後援會、社會各種不同的善念來成就。」靜思閱讀書軒的啟用，是許多不同的念頭聚集起來最美好的結果。

「不過我今天還知道靜思閱讀書軒可以讓家長沉澱，一個很好的教育環境，才能培養優秀的下一代。」他覺得靜思閱讀書軒在現在社會這麼紛擾的環境，帶來非常平靜善念的傳播，對社會和諧、美好更加重要。希望公館國中的老師、同學、家長能夠善用書軒，也期盼以後能夠看到更多書軒在全國各地的角落出現。

“

我的靜思語

公館國中學生邱英華：「願有多大，力就有多大。」發願就會有那個能力，沒有目標是非常可怕的事，所以要立下宏願，努力完成。

”

有志一同，一起成就美善點滴

在第一間靜思閱讀書軒啟用後，我也曾不知道如何繼續才好，卻在社會許多人與慈濟師兄姊的愛心澆灌下，才兩年兩個多月就完成第一百座。那天我的父母親從菲律賓來觀禮，父親蔡萬擂還分享了邀集菲律賓企業家共同集資、捐助十八座靜思閱讀書軒的過程，獲得滿場掌聲。

二〇一八年也是《靜思語》出版三十周年。三十年來，這本書透過二十三種文字傳布全球，內容是生活的教育，時時啟發每個人的善念和善行，受到各國人士的喜愛。公館國中前校長胡瑞蓉忍不住上臺跟大家分享，參加活動前她在社會大學教課，一位學生告訴她，心煩的時候都會翻開《靜思語》。學生並不知道她要來參加活動，真的很巧。

那天我們也頒發了全勤獎給陳慮琳師姊，感恩她

一起走過一百間校園，為我們拍照，
留下珍貴的足跡。感恩社會上很多人
有志一同，一起成就美善點滴。

臺中霧峰國小
——以愛扎根，築千年希望

霧峰國小建校已有一百二十多年歷史，校園到處是大樹及各種植物，黑冠麻鷺、花草、蝴蝶，在校園走走，充滿詩情畫意。

慈濟的九二一希望工程中，十五所在臺中、三十三所在南投，當天十五所學校的校長或主任都蒞臨相聚，臺中教育局也由王淑懿專門委員代表，全程陪伴，一起觀禮並給予鼓勵。經過挑選推薦的五百本書及影音，在靜思閱讀書軒讓更多孩子閱讀，校長陳榮錦說，這是一百二十周年校慶的美好禮物。

其中，東勢國中校長邱健偉也曾在九二一援助校園裡擔任老師，九二一重建校園時，他跟慈濟志工一起鋪連鎖磚。另外一位校友、現任太平國小校長的湯正茂說，他是九二一的受災戶，受到慈濟的幫助，後來慈濟志工楊基泉及趙麗月老師用愛陪伴，進而投入志工行列，授證為慈誠。他一路親眼目睹、受到感動，希望能夠一起把回憶找回來，拉長情、擴大愛。

深受孩子喜愛的校長帶著我們繞了一圈校園。這裡的綠化做得滿好的，學生自

己種蔬菜及植物，玉米、青菜，還有我喜歡的香草植物迷迭香、薄荷、佛手香、芳香萬壽菊等等。這時，一年級的孩子正好開心的來澆水，我問他們：「水要澆多少？」他們指著一旁的小鈴鐺說：「只要鈴聲響就要停。」這個設計真是可愛！

以愛、以善傳承，一棒接一棒

活動結束後，大家正準備要離開，同事說，還有幼幼班及特教班沒有去。我們於是帶著書及可可粉，到了這個充滿愛的地方。這裡的老師真的很用心陪伴孩子，我們要離開時，孩子都衝到門口喊著，要我們再回來。難怪校長說，這區充滿療癒，孩子的純真可愛，讓人心瞬間融化了！

校長還跟我說：「你們的同事令人讚歎，為了成立這個空間，來回好多趟。」原本開車的同事劉榆宣有一天車子壞掉，騎了一小時機車，從她住的豐原來到這裡。有一位同事彭惠君，她是霧峰國小的校友。資深委員林美蘭師姊，她投入慈濟多年，還特別認養了這間人文空間。

霧峰國小是慈濟援助的九二一希望工程之一，許多年過去了，校園的建設依舊堅固，且在師長的用心下，教育在此深深扎根。而這裡的一磚一瓦、一草一木，都是來自全世界各地的愛。讓愛扎根，培育一株株幼苗，除了是「築」千年的希望，更是以愛、以善傳承，一棒接一棒。

除了學業，更用心帶動品德與人文

回訪霧峰國小時，由學校各班班代表、以及五年級的一個班級當種子，一起接收靜思書軒的竹筒，裡面還有淨斯穀糧。陳校長很用心，把靜思閱

讀書軒的書櫃全裝上玻璃，更完善的保護書籍。

小熊老師播放了敘利亞難民孩子的影片，讓孩子們見苦知福。並用心教導大家「行孝，行善不能等」，可以天天存錢，也許少喝一點飲料，存下來就可以做有意義的事。存滿了除了可以給爸爸媽媽，是孝順，更可以捐出去，幫助別人。

我們觀察到，小朋友會主動幫忙整理福慧桌、福慧椅，把東西歸位，而且都很有禮貌。校長跟老師一定很用心，希望孩子除了學業好，更用心帶動孩子的品德與人文。近三個月走訪許多學校，到每間校園與眾多師生互動，都非常的歡喜，每次都有不同的收穫。而可愛的小朋友的笑容及擁抱總是令人難忘。

美好的心意有如夏日涼風

在靜思閱讀書軒跟同學互動後，原本要前往下個行程。貼心的陳校長特別帶我們到四年級的一個班級。原來是同學們自己種的麻芛採收了，煮成湯，請我們跟全班同學一起享用。

麻芛是很健康的食物，也是中部的特產。我跟大家說，靜思書軒也有麻芛薏仁粉，我很喜歡，再寄過來給大家，感謝招待。雖然天氣炎熱，但好喝的麻芛，以及更重要的是那份心意，在炎炎夏日中有如一陣清涼的微風，讓人輕盈、自在。

離開臺中前，我到一間特色書局走走。很巧的是，萬卷書籍中，看到一對母女一起閱讀著《靜思語》。書香、人文香，是愛的交流、善的啟發，也是美好的學習。

臺中東勢國中
——除了閱讀，更是傳承善與愛的據點

東勢是九二一地震的重災區，東勢國中靜思閣讀書軒啟用當天，校長邱健偉透過一張張的簡報，分享校園成立那個年代的美好回憶，直到九二一，那一刻，校園的鐘掉下來。大地的反撲將整個學校摧毀。

校長說，在他無助時，提供第一餐吃的熱食、進校園幫助的，就是藍天白雲（慈濟）。後來慈濟還幫學校重建，上人也親自來校園好多次，不只是關心硬體設備，更關心孩子的未來。校長分享時，好多人都流下眼淚。

啟用當天，以一份感恩心，述說一路上的回憶、苦難與希望。千年的建築可以給予未來的學子安心讀書的地方，校長說，靜思閱讀書軒將是很重要的地點，不只是閱讀的地方，更是善與愛傳承的重要據點。

東勢國中的靜思閱讀書軒是圓形的，代表「人圓、事圓、理圓」。東勢的慈濟志工特別以客家花布及牛仔布，縫製了小抱枕，放在福慧床上，讓人忍不住想坐上去。邱校長用心將學校很重要的位置，變成全臺灣第三十二間靜思閱讀書軒——一

個愛與善連結的據點，非常感謝。

校長還說：「這個地方是我們學校的中心，同學們每天有十分鐘，可以讀一些對他們在各方面都有幫助的書，這樣應該是非常有助益的。」

因為慈濟而找到心靈依靠

四年前，校長的太太陳靜嬌女士因病往生後，成為無語良師，因為慈濟而找到心靈依靠。校長的太太有機會接觸證嚴上人的書籍，並喜歡收看大愛電視，了解生命的意義。因為上人說過「生命沒有所有權，只有使用權」，太太在生病的過程中一直有個心願——在離開的那一刻，將身體奉獻給醫學教育，成為大體老師。

校長跟我們分享，原本太太的狀況有肺積水、身體水腫，無法捐大體。但她有很強的願力，要離開前

開始不吃任何東西，身體狀況一直改變。最後，太太離開時心願圓滿，將大體送到花蓮慈濟大學奉獻，成為無語良師。

去年邱校長與一群校長再度回到花蓮參加校長營隊，他說：「現在回家了，是回花蓮慈濟的家。」他感受到上人疼惜孩子的心，覺得應該把上人的心，以及對教育人文的這份心、對孩子的好，也帶回學校去。

足跡・心路

藉由好書好話，找回陽光、找回愛

南投中寮國中是九二一希望工程慈濟援建的學校，超過二十年，學校還是維持得很美。

在靜思閱讀書軒啟用典禮上，簡靜儀校長忍不住流下眼淚。她說，八月她剛接任校長，前任校長王美春是她的學姊，因為癌症往生。她以《把愛找回來》這首歌帶動全校師生一起唱，希望藉由靜思好書好話，讓原本傷心難過的大家找回愛，找回陽光。

坐在一旁的資深慈濟委員、也曾任職許多學校的蔣碧珠校長跟我說，王校長還沒離開前曾經跟她說，希望退休後到慈濟做志工，沒想到生命無常，無法實現。大家彼此勉勵，要把握當下。就如同靜思語所說：「行孝、行善不能等。」

臺中太平國小
——《靜思語》三十載，打造美善人文校園

建校超過百年的臺中市太平區太平國小，《靜思語》教學深入校園，幕後重要的推手，是校長湯正茂。他本身是九二一受災戶，當年也曾受到慈濟的幫助。這幾年，湯校長積極推廣《靜思語》，更善用靜思閱讀書軒，舉辦讀書會等活動，用心打造美善人文校園。

湯校長說：「上人將佛法生活化，用非常淺顯易懂的靜思語，我也透過靜思語，在教學過程中啟發孩子。」他自己也從《靜思語》中獲益良多。在太平國小，除了可以在靜思閱讀書軒裡

共讀《靜思語》，走廊上也處處有靜思語木匾，時時提醒。學校也教學生們，不只要讀懂《靜思語》，還要落實它。捐贈物資到莫三比克災區，就是把愛付諸行動。

這是一座充滿閱讀與人文的校園，在這裡，師生共同學習《靜思語》含義，培育無數希望的幼苗。

南投竹山國小
——在書中找到喜悅與人生方向

週五早上八點不到，我們抵達南投的竹山國小。這個蘊含了許多人祝福的地方。梁明主任一開場就述說著歷史，談起九二一大地震，也分享九二一慈濟認養了五十餘所希望工程學校的重建，這裡就是其中之一。

孩子們聽得很認真。雖然一轉眼，九二一已經那麼多年了，但透過主任的分享，讓他們更加了解臺灣曾經有過如此重大的災害，但是因為愛，撫平了許多傷痛。雖然孩子們當時還沒有出生，但回顧歷史，讓他們更加懂得感恩，珍惜現在擁有平安的每一天。

學校特別選了一個空間，牆面有可愛的壁畫，採光自然又通風，木質地板感覺非常溫馨。那天老師帶了孩子進來，他們很開心也很迅速的各自到架上找自己喜歡的書，靜靜的開始閱讀，看了很歡喜！希望透過這一本本好書，讓他們在書中找到喜悅與人生方向，伴隨他們成長。

那天有個孩子翻開一本寫到九二一地震的書，很興奮的跟我說：「剛好耶！」我請她讀給大家聽，一起走入九二一的歷史，看看當時人家如何走過傷痛，找回希望。我們一起翻閱慈濟為每所九二一希望工程學校做的校冊，竹山國小這本《獨坐幽篁裡》有學校的歷史足跡，和眾人給予的祝福。我邊翻邊說，學校重建時你們都還沒有出生，但要記得，學校聚集了眾人的愛。

另外，拓凱實業公司董事長沈文振也投入多年。他在企業內持續推動閱讀好書，帶動社會企業責任，多次送書到校園他都參與。

有一次出差到廈門，剛好沈師兄也在，他邀請我到公司參加活動。那天沈師兄特別送大家一人一本《靜思語》，希望員工家庭和樂、工作快樂。靜思閱讀書軒在中部成立的第一間——南投

竹山國小，沈師兄與莊照約師兄特別在百忙中陪伴我們，一起分享溫暖。

善與愛，在社會上流轉

一年多後，我們啟動了校園回訪行程，再度來到竹山國小——這第一個設立靜思閱讀書軒的九二一希望工程校園，也是中部第一間。鄒校長跟梁明主任告訴我們，孩子很愛這個地方，他們來看書、交流，一個接一個，排得滿滿的，有國際貴賓來訪時，都會帶他們來這裡參觀。那天我們也去跟可愛的小朋友交流，笑聲不斷。

一年多前認識鄒校長，之後只要我們去南投，他都盡量陪伴參與。而且每次都帶來竹山特產蜜地瓜及竹筒飯。我不知道吃了多少次，每次吃都覺得特別好吃！因為是校長的心意及愛心。

離別時，我一一擁抱孩子們，心中突然有點不捨，不知何時會再見。每間靜思閱讀書軒的成立，不只是好書或桌子、椅子的設置，其實更蘊含了許多善與愛，在這個社會上流轉著。

現在鄒校長調到延平國小，而原本延平國小校長現在是竹山國小校長，他們互換校園，共同點是：兩所都是九二一希望工程，而且兩校都有靜思閱讀書軒。

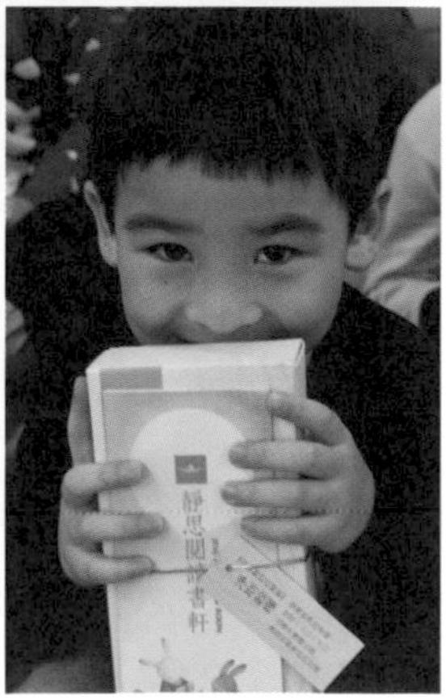

足跡・心路

深摯情誼，愈陳愈香

朋友吳欣嫒有一天打電話給我，她說想讓孩子來靜思書軒做小志工，我說非常歡迎。她問我最近在忙什麼，我跟她分享走訪了臺灣各個鄉鎮、十六個校園的點點滴滴。

原本只是一個很單純的心念，靜思書軒有許多好書、影音、五穀粉等……希望與更多的孩子分享。講完後，她說，我也來認養兩間靜思閱讀書軒成立的經費。非常感恩！

跟欣嫒認識十九年，當時我們都從國外回到臺灣；一轉眼，她已經是兩個可愛孩子的媽咪了。她先生Charles也是一位非常好的人。我們常說要聚餐，但平時各忙各的很難聚首。結果三年來，我們難得的聚餐竟然是一起到校園！

我們坐在同事的車上一起用早餐，中午也在慈濟的竹山聯絡處用午餐，見面總是有說不完的事。一旁的人都說：「你們嘀嘀咕咕的講不完呀！」我們還分享她結婚的時候我去跳舞的往事，大家都笑了起來。

時間過得很快，但深摯的友誼依舊，一起分享有意義的事也依舊！

南投平和國小
——愛，撫平傷痛

前往南投平和國小前，從網路上看到一段大愛電視「九二一希望工程」系列紀錄片第二十八集——南投縣平和國小「平和有愛」的歷史資料。平和國小校長陳丙申在九二一震災時，寫給學生家長的一封信：

「許多天了，不敢開口問您：您與家人是否平安？就怕得到回答是我們不想聽的：這邊的房子就要拆了，不能住了。一陣心酸湧起，卻又不敢掉下淚來。大悲無言，無言面對大悲。」

陳丙申當學生時蓋活動中心搬的磚，地震後變成一堆破磚廢牆。經過他四方奔走，終於說服台塑援建一棟校舍；其他龜裂的建築物因經費過於龐大，重建遙遙無期。

合十之間，慈悲蔓延

二〇〇〇年六月四日，天未亮，陳丙申與家長會長廖源河趕往慈濟臺中分會，

祈求上人援建平和國小。才一開口，陳丙申難掩悲傷情緒、淚流滿面。上人不忍心見愛校心切的老校長傷心，指示林碧玉副總馬上前往了解。終於，平和國小成了慈濟援建的第四十九所希望工程。

在二〇〇一年二月，陳丙申校長退休；二〇〇二年十二月二十五日，平和國小重建落成；二〇〇四年十二月南亞海嘯，陳校長加入慈濟街頭募款的行列。「在合十之間，覺得慈悲一直在蔓延。」

教育是百年樹人的大業，需要百年大計的校園。全球慈濟人在各地舉行園遊會義賣活動，籌募希望工程款項，在苦難當中，愛心源源不絕，見證人性光輝，也讓希望工程茁壯發光。

啟用那天，平和國小全校師生齊聚，分享靜思語好書暨靜思閱讀書軒啟用。當時的校長吳錦謀非常用心，也跟同學分享感恩與愛。他說，雖然有時工作繁忙，還是希望每天可以來這個空間閱讀一本書。

活動一開始，李宏哲主任透過一張張的照片分享，述說著學校的歷史。平和國小歷史悠久，有九十三年的校史。九二一大地震後，強震將校園震得破損不堪，百廢待興。而在充滿無助及傷痛的同時，證嚴上人與全球慈濟志工，伸出援手整體重建，順利啟動平和的希望工程，重新帶來希望。

世間無常，人間有愛

我坐在臺下聽了，實在有說不出的震撼

與感動。世間無常，人間有愛，十八年過去了，第一次有機會來到校園，看到許多天真可愛的孩子，聽到他們朗朗的閱讀聲與天真的笑聲，這裡持續孕育無數希望的種子。

我跟孩子們說：「來到平和國小美麗的校園，看到學校的建築，每一磚一瓦都充滿汗水、淚水，每一磚一瓦都充滿心血，更充滿愛。而有福的孩子在充滿愛的環境一天一天成長，一路上有優秀的師長用心、用愛陪伴，相信孩子們未來在社會上也都會是充滿愛的人。因為心中有愛，人見人愛！」

當天南投國中的陳恆旭校長也全程參加給予鼓勵。他說，他來接下一站，下一間希望工程的靜思閱讀書軒，希望可以設在他們學校。我說：「下一站，很幸福！」

處處是孩子快樂的笑聲、讀書聲

隔了兩年，再度回訪平和國小時，一看到可愛的幼幼班小朋友，忍不住跟他們一起玩起獨木橋。

「二十年前，我的雙胞胎才六個月大，就遇到九二一大地震。當時任教集集國小，整個學校幾乎倒塌，大家都很惶恐，擔心孩子喝的奶會斷貨。我第一時間能夠給孩子喝的熱牛奶、吃的熱食，就是慈濟為我們準備的。」剛上任的校長張文馨跟我們述說這段往事時，依然忍不住眼眶泛紅。

這次回訪校園，頒發鼓勵參加靜思語徵文比賽得獎的孩子。每次前來，都覺得校園真的很美！大樹林立，處處可以聽到孩子快樂的笑聲、讀書聲。

就像校長說的，希望不要再有這樣的災難發生。那些曾經發生的傷痛、歲月的裂縫，因為有許多的愛，長出了新芽。這個社會需要更多的愛，人與人之間多分享好話、讀好書，讓人心淨化、社會祥和，讓天下無災難，更讓每個孩子都有快樂的成長環境。

足跡．心路

小小閱讀角落孕育心中大愛

男孩是布農族原住民，家住在信義鄉，從平地開車上去還要兩小時。兒時父親酗酒，母親在東埔國小當工友。有一天他問母親：「為什麼有些人有機會當老師、當校長呢？」母親回他：「就是要坐在課桌椅上認真讀書。」這是埔里國中脈樹．塔給鹿敦校長跟我們分享自己兒時的故事。

他小時候家裡貧窮，買不起書桌跟書，有一天學校剛好要淘汰一些老舊的桌椅，請擔任工友的母親銷毀。母親看到這些桌椅，想到兒子，就留了一組，扛著桌子、椅子走了二十分鐘的路，帶回家裡送給他。他非常開心，每天都坐在這裡看書，雖然沒有錢買書，但老師都會給他書看。家裡買不起桌燈，只有簡單的日光燈，讀到半夜就看不清楚了。

有一天，他看到家裡剛出生不久的小雞有燈泡照著，就偷偷跟小雞說：「我先跟你借這個燈泡，兩小時後再還給你。」他一直讀，結果因為太累讀到睡著，醒來才發現小雞都死掉了。

他趕緊慌張的把燈泡放回去，想當成沒事，深怕母親責備他害死家裡的收入來源。但他後來還是跟母親說實話，並好好道歉。母親不但沒有怪他，還跟他說：「就是要認真讀書！小雞為你犧牲，你更要認真。」成就他今日成為校長，一位教育家。

很多年前他在信義鄉的學校任教時，有慈濟教聯會送給他跟同事《靜思語》。當時他用《靜思語》教學，自己覺得很受用。十年前，他特別在臺中慈濟醫院的靜思書軒請購《靜思語》出版二十周年紀念冊。

那天，靜思閱讀書軒在學校啟用，校長跟同學說：「心中一定要有大愛，可以幫助別人，愛身邊的人事物，就如同慈濟志工們帶來的愛。」校長也特別跟大家說，這棟校園是慈濟援建的希望工程，還有閱讀書軒，都是讓大家可以安心安身讀書的地方。校長的妹妹在我的臉書上看到啟用的文字分享，留言跟我說：「謝謝你寫得這麼溫暖，觸動我的內心。那個僅有的小燈，是那個小男生時常閱讀的小角落，真的是小小的角落，有時也還是會因為燈又壞了看不清楚……」

回想每一趟校園行，雖然在外奔波有時難免覺得累，但可以聽到許多愛的故事，很感恩也很歡喜。

南投碧峰國小
——悠久校園孕育優秀人才

二○一七年，剛歡度九十六周年校慶的草屯碧峰國小，在非常有味道的古老建築、保存了九十六年的大禮堂中，全校師生一起分享《靜思語》好話。

碧峰國小靜思閱讀書軒，是二○一七年最後一間成立啟用的。這個歷史悠久的校園，孕育了許多優秀的人才，其中一位就是許昆龍，他在許多學校教過書，曾經是校長，現在退休當全職志工。他說當天他有四個身分：孩子的阿公、這裡曾經的訓導主任、校園隔壁草屯慈濟聯絡處的志工、草屯的在地人等。他家族四代都在這個校園讀書。

“

我的靜思語

碧峰國小學生王清峯：「用對了心，每天都很快樂。用錯了心，每天都很煩惱。」祝福大家天天都開心，用對心。

”

這裡有許多農家子弟，都是務實純樸的人，連家長會林會長也都是簡單善良的人，當天特別前來給予鼓勵。啟用後一年多以來，常常接到嚴校長的訊息，問我們何時再回來校園。

一年前，我們在學校正門設置了靜思閱讀書軒。記得啟用時，校長哽咽得說不出話來。這個鄉鎮許多孩子的長輩務農，都要早早送孩子來，有時候忙到太晚或甚至沒辦法來接小朋友，這個空間就成為他們安心閱讀、學習的地方。

嚴校長有博士學位，可以到別的地方教學，但他想留在家鄉，為這裡盡一份力。他印出一份學校整理的資料，都是與這裡有關的點滴。嚴校長指著一張照片說，這位小男生天天都來書軒讀書。聽了心裡很欣慰，也跟著開心，覺得這個地方有如此用心的師長，真好！

南投延平國小——讓教育與人文深深扎根

竹山和煦的冬陽下，我們來到南投縣延平國小。超過百年歷史的校園，在九二一地震時嚴重受損，經慈濟援建，於二〇〇一年五月落成。除了校舍新穎之外，校園風景美輪美奐，孩子們上學置身其中，真是幸福。一位小六的學生陳冠霖這麼寫：

「今天早上的陽光 真明亮，照在宏偉的教室大樓 真耀眼；
早上的露珠像五彩繽紛的珍珠，
灑在美麗的花草上 閃閃發亮。
雖然不是春天，小鳥也都飛回來了，
只因為我們建了新校園，齊聲歡唱，
向『九二一』的災難 說Bye-bye！」

在學校師長們的用心下，十九年過去了。堅固的建築，讓孩子可以安心讀書；「靜思閱讀書軒」的成立，則讓教育與人文深深扎根。

走進竹山鎮延平國小，座落在大草坪後方的是名聞遐邇的「佛手」。有人說「佛手」象徵歡迎、迎接大家的到來。鄒海茵主任說，學生喜歡躺在指甲上，平時也會有附近的阿公阿嬤，來佛手的指甲上按摩。學生還會占據拇指上的兩道溜滑梯，攀爬嬉戲。

延平國小校園在設計上，強調建築物與周圍環境的融合，讓學生學習與大自然和平共處，感受大自然慷慨賦予人類的愛及財富，進而知道感恩天地萬物。當時的校長陳榮昌及主任帶我們參觀校園時，遇到一群幼幼班的孩子，唱起我們熟悉的歌曲。學校很美，孩子們好幸福！

足跡・心路

淨斯摺疊福慧床及桌椅

到許多校園成立靜思閱讀書軒時，我們會放置淨斯摺疊福慧床及桌椅，孩子們可以坐在上面閱讀。我們也會跟大家分享，福慧床及桌椅其實訴說著許多愛的故事。

只要有災難發生，所有的收容中心或避難所，福慧床都可以陪伴有需要的人，讓大家有尊嚴的入睡。也讓所有投入救災的人，有張床可以躺著好好休息。鋪好床、放上毛毯，大家在疲累時，也能有短暫休息之處。

另外，福慧桌椅也讓大家可以在慈濟救災時緊急設立的「深夜食堂」使用，在冷冷的天氣裡有熱食供應，還可以安心坐下來享用。連來自日本的救難人員，都對這張床感到非常好奇。福慧床及桌椅不只是一張床、也不只是桌子椅子；它訴說的是許多美善的點滴，以及愛的故事。大愛共伴有情天，寸步鋪路護大地。

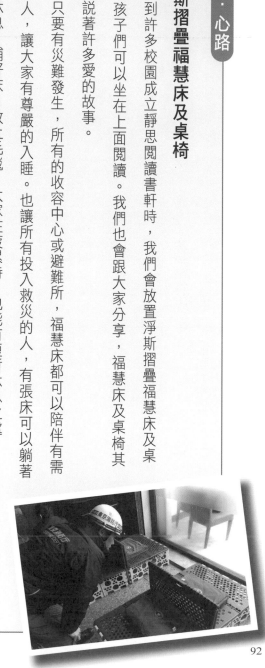

南投社寮國中
——以愛與人文灌溉，找到希望與人生方向

社寮是個具有歷史背景與文化特色的地方。社寮國中整體校園規劃設計，採取三合院聚落式的配置，迂迴的廊道穿梭林間、連通各棟建築，展現書院風格的設計手法。校園大道兩側，還有數十公尺高的大王椰子以及黑板樹。這樣優美的環境，因為欣嫚的護持，如今有了靜思閱讀書軒。

這裡的孩子，爺爺、奶奶或父母大部分務農，家長會黃會長就是種火龍果，他還跟我們分享種火龍果的心得，非常有趣！臺灣普遍少子化，社寮國中學生不到一百人，但哪怕只有一位，每一位孩子都是種子，需要愛與人文的灌溉，讓他們找到希望與人生的方向。

足跡．心路

回饋，才是真正善的循環

十多年前，在美國紐約讀書的慈青簡立翰（Edward）師兄，暑假回臺探親。當時臺灣慈青陳怡瑋（Beth）師姊剛好帶日本友人到書軒參訪，與我巧遇。他們兩位在靜思書軒經由我的介紹相識，進而相知相惜。兩人婚後原本居住在密西根，二〇一七年搬到北加州，生了一對可愛的兒女。兩人茹素多年，因此寶寶也都是胎裡素。

二〇二〇年七月怡瑋師姊跟我聯繫，她從臉書與報導看到靜思閱讀書軒的消息，希望自己也可以為家鄉盡一份心力。於是，二〇二〇年三月，以怡瑋師姊爺爺的名字圓滿一間靜思閱讀書軒的經費。這次的經費中，也包含了幾位加州的慈濟志工一起貢獻無私的愛心。

當時怡瑋師姊跟我說：「爺爺陳克承老先生於二〇一七往生，那年我剛好懷老大，沒能回去送他，心中一直希望可以替爺爺做一件事。爺爺一輩子奉獻給偏鄉教育，擔任魚池鄉魚池國小教師直到退休。爺爺愛好網球，時常資助學生學習網球，很多學生因為體育成績優異得到升學機會，命運因而翻轉。如果因緣俱足，這是個可以跟家鄉繼續連結的機會。」

怡瑋師姊還說，他們的櫻桃汁生意是小小生意，但因為有很多貴人幫助，讓他們得以穩定成長。只有這樣回饋，才是真正善的循環。

南投鹿谷國小
——好書如同甘霖，豐厚生命、滋潤心靈

南投縣鹿谷鄉很早期就開始植茶，鹿谷是半球型包種茶的發源地，也是凍頂烏龍茶的發源地。來到鹿谷國小，第三十四間靜思閱讀書軒啟用。學生泡茶請我們喝，彬彬有禮，令人印象深刻。

閱讀書軒設立在大門一進來的入口處。鹿谷國小校長林建言用心挑選了這個地點，讓老師、學生、家長或社區民眾，可以一起進來使用。明亮的環境，寬敞的空間，讓人很想駐足。

鹿谷好幾天沒下雨，我們一抵達鹿谷國小就下起大雨。大家笑著說我們帶雨來了；正如靜思閱讀書軒推薦的好書，希望能陪伴大家找到生命的方向，豐厚生命，滋潤心靈。

兩天四間校園的行程，中午時刻到了慈濟竹山聯絡處。連續兩天，志工都準備了豐盛的午餐，讓我們在忙碌的行程中有回家的感覺。

足跡．心路

鹿谷國中的書香、茶香、人文香

鹿谷國中位在鹿谷鄉凍頂山腰，環境優美，時時可望見彰化、雲林平原。

南投縣鹿谷鄉也是茶的故鄉。一到鹿谷國中，學生便以茶道迎賓。而幫我們泡茶的茶人說，兩年前鹿谷國小靜思閱讀書軒啟用時，她在那裡就讀，我們到校園參訪也是她泡給我們喝；這次換成國中啟用，當年國小的女孩，現在已經是亭亭玉立的少女了。

鹿谷國中王伯廷校長特別感謝前任校長牽起這個緣分，鹿谷國小校長林建言也特別來看看大家。看到他特別親切，彷彿見到老朋友，以茶以書會友。

書香、茶香、人文香在鹿谷鄉飄香。

南投國姓國中
——讀好書，翻轉貧窮

一早天未亮，還可以看到月亮時就出門了。第一次到南投縣西北部很純樸的國姓鄉，路程滿遠的。走過山路，終於抵達國姓國中。

校園很美，建築物蓋得非常好。校長林家如致詞時忍不住哽咽，一年前遇到我們時，她努力爭取、表達希望書軒在國姓國中成立，讓孩子可以讀到好書，社區民眾可以使用這個空間的意願。一年後，願望真的實現了！

學校挪出一間原本堆滿報廢物品的空間，經過當區同事及許多慈濟志工（好多位都上了年紀、滿頭白髮）一次又一次的整理、粉刷，牆壁變乾淨、電燈變明亮，成了亮麗的靜思閱讀書軒。

書軒不只是書軒，是大家的幸福空間

林校長說，媒體曾報導國姓鄉是最貧窮的鄉鎮之一；但是她相信，在很多人

的陪伴下，透過書軒的設立，讓孩子讀好書、接受好的教育、學習一技之長，一定能翻轉貧窮，讓每個孩子都成為社會上有用的人。因為周遭沒有太多地方可以去，這個空間也會邀請社區的民眾或老人家來坐坐。

我們趕在新年前讓靜思閱讀書軒啟用。就像校長所說，從今以後，書軒不只是書軒，是大家的幸福空間。校長也在臉書分享：「傍晚，驚見靜思書軒燈亮了，外面長椅上躺著一排書包，心裡無比歡喜！不敢驚擾，遠遠望著孩子們閱讀的身影，空氣甜甜的，真值得！」

從臺北到國姓鄉路途雖遠，但其實不遠；只要有心，就不遙遠。心是世界的地圖。眼看曾經飽受歲月洗禮的裂縫，因為愛，長出許多新芽，冬至時節，回到臺北天已黑，但心裡充滿喜悅、圓滿。

足跡‧心路

旅人心靈中繼站——鐵帽咖啡

國姓國中啟用儀式結束、離開學校後，我們路過一家很特別的咖啡店「鐵帽咖啡」。

這家店沒有完整結構的房子，僅有二分之一的牆面；沒有高級的裝潢，只有老闆自己做的鐵雕藝術作品，是個很值得細細品味的地方。店旁放眼望去，就是南北港溪的交會口，位於國道六號下方的烏溪蜿蜒曲折，一幅層巒疊翠的山谷景致。

開車送我們的人說，這家店是在九二一地震後，很快重新站起來的據點，有不少人的回憶及努力重生的實例。

我們決定下車，靜靜的凝視周遭，感受片刻的寂靜。聽著店家的音樂，在這充滿藝術的空間，風聲呼呼、水聲潺潺，片刻休息後，喝杯咖啡再繼續上路。希望這家店一直都在，讓行人可以有個地方休息，補充體力，繼續下一個行程。

在南投兩間校園的行程空檔中，安排了南投車埕。車埕是六〇年代南投木材的集散地，也是南投集集鐵道支線的最終站，是當時的運輸很重要的一站。後來隨著時代變遷，車埕不再是運輸大站，卻成為可以稍稍休息、領略復古氣氛的好地方。

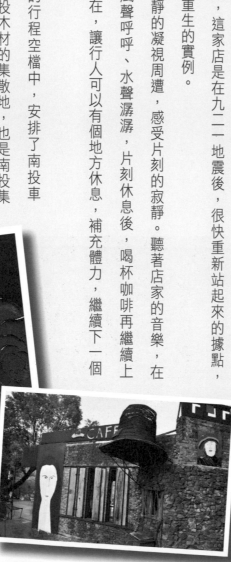

南投伊達邵國小
——讓孩子在愛和善的薰陶下成長

伊達邵國小有個美麗的校園。它座落於日月潭風景區的伊達邵部落，是全國唯一邵族人的小學。全校不到六十個學生的迷你部落學校，朝特色校園發展。學校位居半山腰，跟伊達邵社區有一段距離，孩子需要走一段斜坡進入學校。

進入校門後，可以感受到濃厚的邵族風情。建築以石板打造而成，有教學大樓、邵族文物館、文化學習步道、校園生態園區等，一面面的壁畫及展示牌，則述說著邵族美麗神話、傳說與文化。

莊永智校長主動爭取，希望可以在校內

成立靜思閱讀書軒，讓孩子可以閱讀勵志好書，種下美善種子。感恩許多共同護持的人，我們得以圓滿校長的心願。啟用當日，莊校長親自為我們導覽校內的邵族文物館。館內的許多寶貝與歷史故事，非常值得用心聆聽跟感受。

當天有不少鄰近校園的校長蒞臨。大家有志一同，希望讓孩子從小能夠在愛和善的環境薰陶下成長。孩子們閱讀好書，一句話，也許就是一輩子。祝福每個孩子在如此美麗的環境中，平安健康長大。

第三章

走遍嘉南平原，時時啟發善念善行

每一間美麗的靜思閱讀書軒，
都由許多人的愛一起結合。
有人出錢、有人出力，共同造就充滿祝福的地方。
希望透過一本本好書，讓孩子種下善的種子；
期待這些好人、好話、好書，
讓孩子未來的路充滿善與愛。

嘉義溪口國中
——校園飄書香，愛的種子向下扎根發芽

任何事都是從一個決心，一粒種子開始。溪口國中是雲嘉地區第一座在校園中成立的靜思閱讀書軒，當時的校長簡淑玲說：「感謝所有慈濟志工與師生，往返布置與籌備，提供給孩子這麼棒的閱讀環境。這一切得來不易，我們非常感恩與珍惜。特別感謝靜思書軒致贈師生《靜思語》，讓一句好話溫暖人心，讓好書種下閱讀的種子，希望能將這份美善傳出去，散播到每個地方。」

陳秀琇與先生鄭明安是溪口國中校友，定居北部的他們仍心繫故鄉，希望學弟學妹求學之外也能慧命增長。因緣際會牽起這份好緣，鄭明安說：「得知有一群善心人士願意捐助，並且也獲得校方支持，校長有心特別整理出一間教室一起來推動，所以期待延續先前的好因緣，透過靜思好書的閱讀，讓美善的新芽深根茁壯。」

夫妻二人多年投入慈濟志工，心繫母校，這間校園靜思閱讀書軒的經費是由菲律賓慈濟志工們認養，由蔡萬擂師兄代表啟用。

靜思閱讀書軒從無到有，總務主任蔡詩威全程參與，感動點滴在心頭：「一間普通的教室搖身一變成為這麼靜雅的閱讀空間，真是不可思議，非常吸引人。雖然看似簡單的布置，卻能帶給人身心安寧的氛圍，裡面的書籍包羅萬象，也很適合老師在忙碌的課務之餘，坐下來好好閱讀，沉澱心靈。」

溪口國中所有的師生除了倘佯在書香，也沐浴在愛的氛圍，期待被愛澆灌的每一粒種子，來日都能深根茁壯成林蔭大木。

足跡．心路

一本書，三十年情誼

溪口國中靜思閱讀書軒啟用當天，簡校長邀請了榮譽校友陳梧桐先生前來。

陳先生畢業三十多年，回到母校除了成立獎學金造福學弟學妹，當天還帶來一本《世界名人傳記》。他將這本收藏了三十多年的書送回母校，放在靜思閱讀書軒典藏。

他說，兒時家境很辛苦，劉瑞捷老師經常借書給他們閱讀，他最常跟老師借的就是這本《世界名人傳記》。後來老師看他這麼喜歡，就把這本書送給他，期勉他，希望他長大後能回饋社會，有一天也可以名列這本書裡。

陳梧桐深受師長鼓勵，專科畢業後克服各種困境，認真念書，順利插班進入大學，並完成出國留學的夢想。後來回到臺灣，因緣際會與妻子一同創業，行有餘力不忘回饋社會，感恩母校，後來更投入高雄慈濟志工行列。

一本書，三十年的情誼，更是美善循環。

雲林宜梧國中
——為偏鄉孩子注入一股智慧的清流

二〇二〇年七月二日，雲林縣第一所、也是全臺第一百二十一間靜思閱讀書軒在口湖鄉宜梧國中啟用，為偏鄉的孩子注入一股智慧的清流。

當時的宜梧國中校長黃琬珺分享，可以成為雲林縣第一所成立靜思閱讀書軒的學校，非常感謝慈濟，願意分享這善緣給學校的師生，甚至全宜梧地區的社區民眾。如果之後許可，希望暑假就開放給民眾一起閱讀好書。

我跟大家分享，靜思閱讀書軒內有許多好書，例如《靜思語》、《與地球共生息》。希望這些好書不只在都市或是有人潮的地方流通，鄉村、偏鄉、原鄉的孩子，也都可以常常接觸這些好書。

一本好書能傳遞美善、指引人生方向的一盞明燈，透過靜思閱讀書軒，凝聚學生情感，也讓孩童優遊在智慧海中，尋求知識成長。

嘉義大林國中

——在蘊含善念的空間，透過閱讀啟發、力行愛

大林國中校門前面有馳名遠近的鹿堀溝，橫穿大明橋，宛如天然護城河，形成安靜的學習氛圍。校園內花木扶疏、景色優美；占地五．三公頃，每位學生擁有寬廣的活動空間。教學區與活動區，動靜區隔良好，校園如公園，孩子心胸開闊。

二〇二〇年七月二日，全國第一百二十二間靜思閱讀書軒在大林國中啟用；而二〇一七年嘉義縣溪口國中靜思閱讀書軒啟用時，簡淑玲正是當時的溪口國中校長。

再度種下美好因緣

簡淑玲說：「孩子們因為有書軒可以閱讀，在心裡種下了閱讀種子，每天下課最愛的地方就是書軒；一〇八學年來到大林國中，我覺得需要再次引進。」溪口國中種下美好因緣，傳承美、善，讓大林國中有善緣成立靜思閱讀書軒。

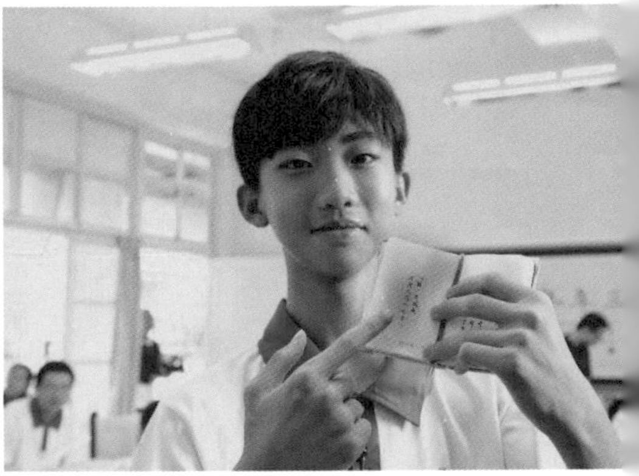

簡淑玲說：「一句好話溫暖人心，一本好書啟迪閱讀，國中階段閱讀很重要，跟運動一樣，都是孩子生活的一部分，尤其是閱讀。在學校教學區很近的地方設立閱讀書軒，讓孩子更方便親近。一〇八新課綱有閱讀素養，藉由這間教室，我們可以做多元課程。」

配合一〇八課綱裡面的閱讀素養課程，大林國中聘請了課程閱讀老師，將閱讀素養落實在生活中。閱讀老師周汝滄表示，靜思閱讀書軒是一個清幽的空間，利用閱讀課讓孩子來這裡，自由的找架上的書閱讀。其中，繪本是非常好的教育啟發教材，可以討論內容，引導學生讀好書。

長成手心向下，對社會有貢獻的人

書軒裡的書籍包羅萬象，下課鐘聲一響，同學就往靜思閱讀書軒跑。坐在舒服的福慧桌椅閱讀，隨手一書，坐下來閱讀的專注眼神，成為一幅最美的風景。

我的靜思語

大林國中學生簡好鋭：「協力就是三個人同心出力。」他的體悟是：在生活中很容易就能看到，像是運動會的趣味競賽、大隊接力等等，自己一個人的話，什麼都做不了，如果不團結，就沒有辦法大家一起獲得勝利。如果旁邊有朋友陪伴，那會更好。

校長說：「閱讀是一輩子的事，將閱讀的氛圍與閱讀種子這份愛分享出去，讓書軒的功用發揮到最大，啟迪心靈，愛的種子、善的種子傳承下去給需要的人。」也希望同學們使用時，多想想為救災研發的福慧床和福慧桌椅的緣由，長大後可以成為手心向下、對社會有貢獻的人。

每一間靜思閱讀書軒的成立，都要感謝很多人的幫忙和協助，讓寧靜美好的空間坐落在校園。謝惠芬師姊邀請不少人一起護持，護持之一的戴清秀表示，非常後悔小時候沒興趣、沒有好好讀書，大林國中的同學非常認真讀書，文質彬彬、溫柔婉約，這是「教之以禮、育之以德」的教育，看見未來的希望。

嘉義更寮國小
——閱讀翻轉偏鄉，與世界接軌

因為少子化的緣故，許多鄉鎮校園的學生愈來愈少。更寮國小學生不到四十位，但對我們來說，每個孩子都很重要，都是希望的種子。

更寮國小校長吳沛珊說，她三年前到職時發現，校園的閱讀環境並不是很理想，書櫃簡陋，而且都是從外面拿來的，拼拼湊湊、大小不一。有緣分認識慈濟之後，提出申請，並感恩慈濟讓更寮國小有這個福分設立靜思閱讀書軒。

閱讀更安心、專注，產生正向力量

吳沛珊校長說，成立靜思閱讀書軒可以讓學校的師生閱讀更安心、更專注，對學校與學生有正向的力量，點亮嘉義孩子的未來。嘉義縣教育處長陳添丁代表縣府表達對慈濟的感謝，他說，閱讀是「站在巨人的肩膀上看世界」，有靜思閱讀書軒的環境營造，可以開啟閱讀的那扇窗，透過閱讀，了解世界上發生的事，教育可以翻轉偏鄉，讓孩子看到未來、與世界接軌。

當天還有一位榮譽校友也回來母校，他就是法務部廉政署副署長侯寬仁。侯副署長感謝我們願意為學弟學妹設置這樣的空間，讓他們讀好書。

校長還分享，在品德教育方面，學校之前推日行一善，之後會加進《靜思語》的推廣。每週一的朝會時間有兩位學生分享《靜思語》，每週三會安排每班的閱讀課，老師帶學生到靜思閱讀書軒看書，推廣班級閱讀教育。校長覺得每一句靜思語，無論是對師生、大人、小孩，都有滿大的啟發作用。

散播希望種子，書香滿社區

「曾經有轉學生進來之前，家長先過來看環境，發現我們有課業指導，環境佳，就把兩個孩子都轉學過來了。」校長說，希望有朝一日除了在校內推廣閱讀教育，還可以帶領團隊將希望的種子散播出去，書香滿社區。

國小六年級導師黃偉萍開心的分享，因為靜思閱讀書軒的

“

我的靜思語

余秉鋐：「不怕難——遇事不怕難，只怕沒勇氣；做事不怕不成，只怕力量不集中。」就像運動比賽，跑步有時會跑輸人家，不用怕困難，慢慢的練習，有勇氣就可以成功。

”

環境跟以前有很大不同，空間的擺設與色調，讓小朋友可以很快的靜下心來，對閱讀幫助很大。另外也安排學生擔任小志工，讓他們學習核對學生證及借閱書籍流程，是很好的品格教育。

黃偉萍說：「其實，我們還在整理這裡的時候，小朋友就已經很期待了。」一到下課鐘聲響起，小朋友們飛也似地來到靜思閱讀書軒，挑選自己喜歡的書籍，在木質地板上自在的或坐或臥，靜靜翻開書籍閱讀，看到有趣好玩的還會和同學悄悄分享。

期待閱讀的風氣能一直快樂的延續。

嘉義大埔國中小學——優遊書海，讓校園盈滿書香

從嘉義市開了一個半小時的山路，還真的很難不暈車。那天下著雨，雖然景色很美，但我從頭到尾都不敢張開眼睛，因為會更暈。

大埔鄉位於嘉義縣東南隅，是嘉義人口最少的鄉鎮，地處阿里山上，大埔國中小學是唯一的學校。我們希望靜思閱讀書軒可以讓山明水秀的大埔鄉多個溫馨的閱讀空間，讓孩子及老師們透過閱讀好書，在心田種下美善的種子。

帶領我們來到這裡的，是嘉義慈濟志工第一顆種子王壽榮師兄與嚴玉真師姊。嚴玉真曾是大埔的國小校長，至今依舊疼惜這裡的孩子，更以自己父親的名義在學校設立獎學金，培育青年學子。如果不是他們，還真的不知道如何來到這裡。

大埔國中小學的孩子，每天面對的是鄉野山林的召喚，家長大部分務農，無法抽空督促孩子讀書。加上又是偏鄉學校，如何喚回這群偏鄉學子，引導他們願意沉浸在書香裡，讓二〇一六年到校任職的林子欽校長，有了如此的構想——打造一個優質的閱讀環境，讓孩子愛上這裡，願意進來看書，進而培養讀書的風氣。

啟用這天，熱情的林校長、大埔鄉的歷年鄉長，還有許多林校長在各地的同學都特別前來祝福，可以感受到大家的愛與關懷。鄉長跟我分享，他們離阿里山不遠，但阿里山是觀光景點，大家都很關注；相對的，這裡就比較少人關心。這次我們來這裡設立閱讀書軒，讓孩子可以讀到這麼多好書，他真的很開心。

身兼大埔國中、國小校長的林子欽，規劃出一間二樓的教室，做為靜思閱讀書軒。以目前在校學生近九十位去規劃校園閱讀環境，有圖書館經營、校園閱讀角、班級閱讀、閱讀專欄、閱讀網站、閱讀護照、假日讀書會等項目，透過不同的方式，鼓勵孩子成為「愛閱小達人」，願意打開書籍充實知識和學識，在朝會中公開表揚。林校長甚至用各種誘因循循善誘，希望孩子愛上閱讀。

透過分享，看到改變與蛻變

下課鐘聲一響，國三導師鄭夙君就帶著班上學生走進閱讀教室，大家各自挑選喜愛的書籍，人手一本，安靜閱讀。

孩子輪番上臺分享心得，導師鄭夙君透過日積月累的觀察，清楚感受到孩子慢慢在改變跟蛻變：「使用靜思閱讀書軒，其實也應用到靜思語，他們會寫在聯絡簿，也會選擇適合自己的書，透過閱讀進而反省自己，透過分享讓我們知道感想跟觀念。」

輔導主任蔡巧苓帶著國小部的孩子來閱讀，她表示：「利用假日讀書會讓學生來學校，養成閱讀的契機。這裡的孩子，家人假日都很忙碌，學生有額外的時間到學校圖書館閱讀，更完整的使用圖書室，家長都很支持。」從一開始只有幾位、到目前有二十位學生使用閱讀空間，她看見孩子的改變與成長。

學生郭采憑指著《孝心香》這本書，分享她的心得：「我第一次來這裡時就看到這本書，內容是一個年輕人去買了一頭小牛送給老阿嬤，」故事的情節深深吸引她：「我覺得很好看，所以一直看下去。」透過《孝心香》這本書的精彩情節，引導大家體會行孝的重要。

國中部國文老師兼閱讀計劃推動老師劉青鑫，招呼國小同學就坐，提醒孩子們看書應有的人文素養，分享讓孩子自動自發養成看書的好習慣。細心的劉老師還發現，國小部的孩子對精裝的小本《靜思小語》特別有興趣，「因為裡面的字很少，又是小小的一本，拿著小本子閱讀，對他們來講很方便。」

自主學習，改變學生的未來

從平地調派到山上，林校長觀察，偏鄉的孩子比較沒有閱讀習慣，如果沒有養成閱讀習慣，學習會相對困難。而家長不重視，假日也找不到學生，再這樣下去，孩子無法自主學習。如今有了靜思閱讀書軒，等於改變學生的未來，「其實我們學校的書都偏老舊，有這樣的機會，學生都非常喜歡到書軒去學習，老師也很喜歡在這裡做研習活動與會議。書軒給人一種心可以沉靜下來的氛圍，在這樣好的環境自然會想要學習。環境的布置很典雅、有風格，心自然就沉澱下來。」

六月的豔陽，散發著溽暑蒸騰的熱氣。窗外不時傳來蟬鳴鳥叫聲，窗內童稚的朗朗讀書聲，讓空氣中盈滿一室書香。大埔的孩子們已然優遊在書海裡。

足跡．心路

平安健康就是福

嘉義縣東石國小是臺灣北回歸線經過最西邊的沿海小學。前往東石國小靜思閱讀書軒啟用時，在高速公路上發生了一段小插曲。

慈濟志工林桂南師兄邊開著車，突然有個不明物體弄到車子，發出很大的聲音。後來發現輪胎好像爆了，幸好我們很快就從太保交流道下去，靠邊停。桂南師兄趕快幫我們招計程車，讓我跟一起在車上的爸爸媽媽先趕到校園，免得來不及，他則留下來處理車子跟輪胎。

這三年來我們到各地的靜思閱讀書軒，一路都有不同的人、不同的志工幫我們開車，陪伴我們平安抵達。除了自己工作的日常，一間一間靜思閱讀書軒的成立也一直持續著沒有停過，有時感到分身乏術，有時更是時間跟體力的考驗。身體需要調養的時候，感恩有花蓮慈濟醫院副院長何宗融中醫師用針灸幫我調養，也幫許多人補氣加油。平安健康就是福。

臺南慈濟小學
——無論都會或偏鄉，一起分享善與愛

二〇一九年一月十七日，臺南慈濟小學靜思閱讀書軒啟用，也是全臺灣第七十一間。迎接我們的，是彬彬有禮的孩子、弦樂團的優美音符，以及孩子們的手語表演。這些全都要感謝臺南慈小所有師長。一直以來，他們是多麼用心培育每一位希望的種子。

來到臺南慈濟小學，總是令人備感親切，因為有好多位假日在靜思書軒做小志工的孩子，都在這裡讀書。例如四歲就當小志工的黃慈柔，現在已經十歲、讀小學四年級了。又例如，還沒上

幼稚園就在臺北慈院當小志工、後來跟父母搬到臺南的林家田，一轉眼，現在也四年級了。

主任顏秀雯安排他們在靜思閱讀書軒的啟用典禮上為大家介紹，每個孩子都落落大方。看見孩子的成長，讓人開心又感動。期待這些書軒的種子能邀來更多同學，一起當小志工。秀雯主任則說，希望這裡可以成為臺南所有靜思閱讀書軒交流的園地，無論是都會或偏鄉的校園，大家可以一起分享善與愛。

足跡・心路

回饋家鄉，有願就有力

記得有一次，我遇到心心念念想為家鄉付出的京城銀行副董事長蔡炅廷（John），跟他分享靜思閱讀書軒的點滴。他問我：「臺南、高雄有靜思閱讀書軒嗎？」我說還沒有，當時應該還不到五所學校有閱讀書軒。

他說，希望閱讀書軒也能遍及臺南、高雄，因為他在臺南出生、高雄長大，後來到國外念書，希望可以回饋家鄉。有願就有力，高雄的第一所閱讀書軒在杉林國中，而臺南的第一所就是慈濟小學，兩地的第一所閱讀書軒都是由他認養。

啟用時，他跟孩子們分享：「書軒就像土壤，同學們好比種子，上人的書就是陽光、空氣、水。期許小種子在這樣的環境中發芽、茁壯、成長，一路求學、出社會，從一棵小樹長成大樹，進而做好事、回饋社會，成為一片森林。」

臺南玉井國中
——立書軒，培養學子閱讀風氣

二〇一九年九月九日下午，月圓人圓的中秋佳節，全臺第九十五間靜思閱讀書軒在臺南市玉井區玉井國中設立。

二〇一〇年的高雄甲仙地震中，玉井國中教室受災嚴重，幾乎都倒塌。地震發生後，慈濟志工嚴聖賢奔走協助、趕建組合教室，使學生不因教室受損而中斷學業，因此與學校有了互動。

近年來，玉井國中因少子化導致減班，校方為有效運用空出來的教室，在嚴聖賢的建議下，成立偏鄉地區第一間靜思閱讀書軒。

玉井國中校長何政謀致詞表示：「我自己喜歡閱讀較柔軟的書籍，在教育的理念上注重品德教育，靜思閱讀書軒的書籍都是勸人向上、向善的好書，希望老師與學生在課餘之暇，能進來閱讀。」

靜思好話影響，改變人生方向

我跟大家分享，靜思書籍有的已經出版三十年了，上人說的好話：「普天下沒

有我不愛的人，普天下沒有我不信任的人，普天下沒有我不原諒的人。」「原諒別人就是善待自己。」就曾經影響一位老師，讓他確立人生目標，後來還當了校長。至今幾十年過去，這位老師仍然很感恩上人，因為如果沒有這句好話，他的人生可能就完全不一樣了。一句好話對一個人或一群人可以產生很大的影響，閱讀書軒會繼續推動，為社會做出奉獻。

學校推廣閱讀，增廣學生視野

臺南市教育局督學顏妙如也前來學校關懷。她表示，教育局在前市長賴清德任內就大力推展閱讀，從幼兒園到高中都鼓勵學生多閱讀，開展視野。顏督學坦言，公部門預算有限，亟需社會資源協助，「感恩慈濟能在玉井國中成立靜思閱讀書軒，將好書帶到校園。閱讀這些好書可增長學生的見聞，培養正確人生觀。」一心有善念的學生將來長大後，將成為社會穩定

我的靜思語

玉井國小四年級李同學：「對人要寬心，講話要細心。」要以寬廣的心對待他人，不要為了雞毛蒜皮的事跟人斤斤計較。說話要細心，不能想到什麼就說什麼，講話要用大腦，講錯話會惹禍上身。

的力量。

志工劉銘正也分享：「每所書軒的經費約需數十萬元不等，這些經費部分由企業家認養捐助，也有些是慈濟志工寫書法、繪畫義賣，一百元、一千元而來，還有靜思書軒小志工存竹筒，一點一滴的愛心匯集捐助。」劉銘正感恩許許多多善心人士的默默付出。

在偏鄉學校設立靜思閱讀書軒，無非是希望推廣閱讀風氣，增廣學生視野，更期望培養學生善念，將來成為德智兼具的好人才，奉獻一己之能，回饋鄉里、社會及國家。

足跡．心路

透過靜思語和閱讀，靜心深思

玉井國小靜思閱讀書軒啟用那天，學校以舞獅隊相迎，歡喜慶祝。校長江隆安希望成立靜思閱讀書軒，透過靜思語和閱讀，讓學生更能靜心深思。一間教室，可以有更好的用途，校長說，讀書能讓人靜下心來，所以靜思閱讀書軒非做不可！

其實，校方與慈濟志工早在三年前的地震後結緣。當時志工不但幫忙清掃因地震損壞的教室，更提供組合屋，讓學生在校舍維修期間得以上課，良好互動延續至今。

感恩雲嘉南沈竹君師姊帶著人文書畫團隊護持，志工們花了三個多月，利用書畫作品募心募愛。大家凝聚善念，讓位處偏鄉的玉井國小學生，也能培養閱讀風氣，豐富人文內涵。

臺南東山國中
——愛的期許，書香陪孩子

號稱「旭日東山」的東山國中，自然環境優美，位處烏山頭、尖山碑等丘陵地旁。這裡的學生共一二八人，低收入戶、中低收入戶、單親隔代教養等學生比率超過一半。全臺第一百一十五間「靜思閱讀書軒」在這裡啟用揭牌。

校長黃旭陽說：「一年前應邀參加玉井國中靜思閱讀書軒啟用典禮，沉浸在寧靜書香裡，我心裡暗想：東山國中也能有嗎？此時此刻，感恩滿懷，因為好夢成真。」他滿懷期待的說：「慈濟志工累積善心、善念，用愛成就的靜思閱讀書軒，希望東山國中的學生能夠善加利用，發揮功能。」

臺南市家長協會理事長吳彥欽，讚歎慈濟秉持大愛，對於教育的所作所為，援建超過五十所九二一希望工程、學校減災工程、臨時教室的援建，在臺南市已有多所學校受惠。他懇切表示：「教育如果沒有愛，是失敗的。慈濟用愛的觀念支持、協助學校，而不是糾正或監督。以書香陪伴孩子的成長，是一股溫柔的力量、祥和的力量。」

打開心門，閱讀靜思語

國三學生李惠玲回憶：「三月十日志工就來布置，原本晚自習教室的空間，一個上午就變身完成。五月十八日國中會考結束，靜思閱讀書軒開放，我最喜歡教室裡的書了，尤其是《靜思語》。」

國三學生葉子禎第一次看到像積木組合而成的桌椅，覺得比坐鐵椅子更舒適、透氣，而且不會發出噪音，閱讀能更專注。他很感謝慈濟志工為學校營造美好的閱讀環境。

在寧靜的閱讀空間裡，莘莘學子發現，閱讀能與心靈對話，由閱讀《靜思語》而內省，是控制情緒、找到自己的好書。希望大家能善用這個寧靜的閱讀空間，讓它引導更多人向上、向善。

臺南左鎮國小、新市國小
——人文校園改變的起點

左鎮國小建校於一九二〇年，二〇一六年因地震，教室受損、校舍重建，由慈濟搭建臨時教室讓校方使用。校舍蓋好後，與新市國小的靜思閱讀書軒在同一天正式啟用，提供師生舒服的閱讀環境，讓學生可以靜下心來好好讀書。啟用典禮上，左鎮區長李耀州說：「左鎮地屬偏鄉，但感恩慈濟沒有忘記我們。」

在愛的連鎖店品閱生活

新市國小校長李智賢表示，靜思閱讀書軒落腳於左鎮國小與新市國小，將做為「人文校園改變的起點」。李智賢比喻書軒為「愛的連鎖店」，可拓展善念，並於校園中推行閱讀活動，結合品格教育，稱為「品閱生活」。新市國小學生社經背景差距大、地小人稠，周圍被建築占據，期許能營造美感校園，於校園正中央設立靜思閱讀書軒。李智賢表示，部分學生上午七時就抵達學校等開門，書軒成立後，早到的

同學可至書軒閱讀及沉靜心靈。

企業家符玉鸞在我們邀她參與靜思閱讀書軒捐贈的行列時，一口答應。當時COVID-19的疫情嚴重影響事業，但她依舊覺得應該要把握機會付出。她分享，創業之初，體驗到白手起家的辛苦，但謹記證嚴上人的開示：「人生像一口井，不要浪費井水，要持續灌溉那口井，井水才會源源不絕。」

新市國小李智賢校長心心念念，希望可以成為臺南第一間有靜思閱讀書軒的校園。當時他就是左鎮國小的校長。後來因為學校工程進度的關係，雖然不是第一間成立，但在他的努力之下，學校終於成立靜思閱讀書軒，並由現任的楊靜芳校長愛的延續，承擔使命。

來到臺南很像在辦同學會，每所學校的啟用都可見到歷任靜思閱讀書軒創辦時的校長。就像愛的接力，一棒接著一棒，傳承愛與真誠。教育若沒有愛，便是失敗的，透過書軒，把愛繼續傳下去。

臺南漚汪國小
——阿公學長回饋故鄉社區

「各位小朋友好，很高興看到你們。我是大學長，我今年已經六十五歲了，我有四個孫子，所以我是阿公學長。」一下車，林院長親切幽默的介紹自己，歡樂一下子渲染開來。

他是知名腦神經專科名醫、也是花蓮慈濟醫院院長，特別返鄉為自己母校捐贈成立靜思閱讀書軒；院長把握因緣，與漚汪國小學童在課堂上重溫當年上課的美好回憶。

「起立、敬禮、老師好！」校方精心安排了「一日學生」的體驗，讓林院長重溫過去單純美好的童年時光。他坐在教室裡，跟著小朋友一起上課。拿到課本的林院長難掩興奮的心情，馬上舉手發問：「報告老師，要翻開第幾頁？」引來小朋友一陣大笑，小同學熱心的告訴院長課本頁數，還借他鉛筆。

要有宗教家慈悲利他的精神

漚汪國小的靜思閱讀書軒是全臺灣第一百一十八間、臺南市第十二間，卻是臺南市沿海地區的第一間。校長說：「林欣榮院長人遠在花蓮，心卻繫著故鄉，對母校關心，送這麼一個大禮，是師生也是社區的福氣。」學校特別準備一套繡著當年學號的制服、帽子和書包送給院長做紀念。林院長馬上戴起帽子、背上書包，在大家熱烈的掌聲中，溫馨的氣氛盈滿現場每一顆心。

林欣榮院長工作繁忙，難得有空回故鄉，長輩家人齊聚參與捐書活動與書軒啟用儀式，與有榮焉。他說：「感恩校長的用心，讓鄉下的小孩也能在很好的環境下，孕育出人文薈萃的各種專家，最重要是有宗教家『慈悲利他』的精神。感恩證嚴上人讓大家有機會在小學就認識他的理念，有國際觀多方面的學習，知道世界上還有很多很多比我們更窮、更需要幫助的人。」說完笑著問小朋友：「你們有做什麼好事？我送書給他。」一位小朋友舉手回答：「我做的好事，是把座位讓給您。」可愛又真實的回答，令全場大笑。

五十多年前，林欣榮在家鄉的滙汪國小念書，多年來一直心繫著家鄉，希望回饋母校。五十多年後，他再度回到母校，捐贈一間「靜思閱讀書軒」給學校，希望孩子們透過閱讀好書學習做人的道理，長大可以做幫助別人的人。

一位來自臺南的孩子，成為一位腦神經外科權威，他深知許多難症、罕症的病人生命裡，沒有「等待」這兩個字。因此，他用心研發醫學領域帶著團隊向前跑，除了鼓勵其他醫師努力回饋，也盡自己的力量回饋鄉里，希望生命中不要有「來不及」的缺憾。

「一本好書可以開闊我們的視野，豐富我們的內涵，改變我們的人生觀。這麼好的空間，可以讓我們生活有溫度、增加幸福感。」許校長期許小朋友善用這個幸福的閱讀空間。

足跡．心路

送愛與溫暖到家鄉的大醫王

這天，全校師生興奮的迎接大學長林欣榮回校。林院長帶著高齡九十四歲的父親及九十一歲的母親前來，舅舅、姑姑也都來參加。包括他的父親在內，幾乎都是這所學校畢業的。

學校安排讓院長坐到教室，回味兒時上課的記憶，還送了一個樟木甕，甕裡裝滿校園濃濃的樟木香。院長只要一打開就可聞到屬於母校的香氣，想到臺南的家。

在校長的陪同下，大家參觀了校史室。建校超過一〇五年的漚汪國小人才輩出，學校用心留史，一整面「百周年慶傑出校友」牆，「林欣榮」也在其中。

溫馨的早晨，看到一位非常有成就的大醫王，日日都在做慈悲利他的事，更不忘送愛跟溫暖到家鄉。也難怪小學弟學妹說要學他一樣幫助別人，還有人說長大也要當醫生救人。

臺南山上國中
——孩子是珍珠，要用心經營與教育

「多年來，很少有那麼多來賓關心這裡的孩子，非常開心。來的人都快跟學生人數差不多了。」當時的山上國中校長蔡芳梅這麼說。

一踏進校園，馬上感受到學校的用心。為了迎接靜思閱讀書軒啟用，學校讓學生以感恩禮歡慶揭牌；電音三太子手拿靜思好書，鼓隊、獅隊表演迎賓，學生們除了以「敬天謝地，喜閱感恩」的心情歡慶書軒揭牌，並以自製的橄欖茶奉茶給到場來賓，表達感謝之意，還獻上手做橄欖子鑰匙圈與來賓結緣。

茶，是用樹齡近六十歲的橄欖樹爺爺的果實，校長親自帶領全校師生共同醃漬釀酵成的橄欖酵素，讓同學奉茶體會感恩、尊重、愛的教育。結緣品則是用瀝出酵素後，去肉洗淨的橄欖子配上相思豆的鑰匙圈，襯以靜思小卡做包裝，由九年一班的學生親手製作。

奉茶時，學生個個躬身，以最誠敬的心表達謝意。七年一班學生陳奕宏說，看到慈濟為學校成立閱讀書軒，內心覺得很感動，有機會懷著感恩的心為慈濟志工奉上一杯茶，讓他特別開心。

靜思閱讀書軒功能最大化

山上國中是偏鄉小校，鄰近新市、新化與善化，家長通常把孩子送到附近較好的學校。山上國中全校只有三班，一個年級一班、總共六十七位學生。蔡梅芳說，留在山上國中的孩子就是珍珠，要很用心經營與教育。

蔡梅芳校長自二〇一二年八月接任山上國中以來，著重境教陶冶、品格教養、生命教育與人文關懷，用心、用愛將學校經營出深具特

色又極富溫馨的校園文化。

校長說，她心中一直有個夢想，希望能帶給學生更好的靜思空間與深耕品德的資糧。二〇一九年九月九日，她參加玉井國中靜思閱讀書軒啟用，驚喜於那正是她想要給孩子們的環境氛圍，隨即把握因緣，提出在山上國中設立閱讀書軒的期待，並著手籌劃場地。

靜思閱讀書軒的地點選在二樓的小川堂，由兩棟教室間的廊道布置而成，是孩子們上下學的必經之地；也提供做為分組教學、課間閱讀、樂齡書法班、學生晚自修，以及靜坐靜心的場所。

養羊除草，別出心裁的生命教育

校方結合慈濟的服務精神，從打掃到布置都由全校師生一起完成，讓孩子學得「施與受」的不同體驗。除了揭牌儀式前奉茶感謝到場的慈濟志工，未來也將由學生輪流當書軒店長，負責管理書軒的使用。並發起各班以一個月的時間存滿竹筒，每天一個銅板、一個心意，全校集滿感恩心，一起將愛送到東非，幫助受難的兒童。在接受捐助之後，有能力也要行善助人。

山上國中緊鄰曾文溪畔，學生不到百人，卻養了二十多隻山羊「養羊除草」。當時還是訓導組長的江宇倫訓練學生照顧山羊，別出心裁的生命教育，讓原本情緒躁動的偏鄉國中生，變成柔軟溫和的大孩子。不但改善了校園環境，霸凌也不再出現。

抵達學校那天，可愛的羊兒們用咩咩的叫聲迎接我們。感恩師長用心在孩子的教育，羊兒則成了他們成長的好夥伴。

靜思的空間與深耕品德的資糧

「靜思閱讀書軒的成立，是我十九年的校長生涯最大的成就！」前山上國中校長蔡梅芳熱切

期待書軒能帶給學生更好的靜思空間，與深耕品德的資糧。

同樣是偏鄉長大的孩子，蔡校長對這些學生有著更多的同理心。她經常提醒學生，不是只有錦衣玉食、富貴豪宅才是享受生活，重點是要懂得生活的真義。而透過慈濟人文質樸的色彩與簡約擺設的美感，正好可以學習如何以有限的條件、極少的資源，創造富有內涵的情境、提升自我素質，品味生活。

山上區公所區長余基吉分享：「走進閱讀書軒，原本雜亂的心就靜下來了。」江宇倫主任熱情的表示，這個空間不只提供在校學生使用，畢業生、社區民眾都可以一起來，希望發揮它最大價值。

「期待孩子們能以天地萬物為師，柔軟心逐日滋潤山中孩子。」蔡校長希望透過靜思閱讀書軒的成立，讓孩子有個更優質的閱讀環境，並學習自我管理的獨立人格，懂得服務人群並付出愛的品格。

臺南竹門國小
——愛與善共同打造的空間

每一間在校園成立的靜思閱讀書軒的前身，都需要有許多人做很多前置作業，包括往返校園的溝通、勘查，成立前的清潔打掃、進書、布置等等。有些空間原本是凌亂的倉庫或閒置的教室，但經由大家一起努力大掃除，重新整理、布置，都會有不同的面貌。

白河區竹門國小校長簡辰全說，靜思書軒同仁跟志工來布置的當天，天氣悶熱，空間比較小，大家滿頭大汗，他覺得很過意不去，但也很感動。我跟他說，這是用愛跟善共同打造的空間，充滿書香、人文香。

這裡有師生共同創作的美麗彩繪、許多大樹，兩層樓建築的一樓是靜思閱讀書軒的室內空間，大家可以帶書本到二樓閱讀區，搭配淨斯福慧桌椅。早期這裡是學校蒸餐盒的地方，後來閒置，經由校長的用心，煥然一新，成為校園的亮點。

竹門國小對外交通不便，與外界交流的機會不多。學區內居民以務農為主，產業以蓮子和稻米為大宗，因為年輕人口嚴重外移，社區以老年人口居多。

校長因為參與永安國小靜思閱讀書軒啟用儀式，便在現場提出希望可以也在學校設立，讓孩子閱讀好書的想法。我們在大樹下分享，好多位當區的慈濟志工都是這個學校畢業的，現在都已白髮蒼蒼，依舊持續做志工。有一位志工跟我說，他畢業六十多年了，把這些孩子當孫子看待。

聽到孩子非常喜歡這個閱讀空間，為了要讓室內不要太過悶熱，大家決定集資合買一臺冷氣裝在閱讀書軒，讓孩子們待在書軒內時更加舒適，可以好好靜下心專注閱讀。

有愛最美，感恩許多人滿滿的愛。

臺南安溪國小——田園小學，古建築飄書香

後壁區的安溪國小是個具有特色的古建築。這裡是典型的田園小學，周邊被稻田、芭樂園和台糖造林地所圍繞。很多學生是新住民子女與單親家庭，更是需要愛的陪伴。

安溪國小的歷史可追溯至臺灣日治時期，學校一九五〇年代的舊辦公室與禮堂已在二〇〇四年九月二十二日公告為歷史建築。兩棟建於戰後初期的木造建築物依然屹立，雨淋板、編竹夾泥牆、斜架支撐為其建築特色。

今天再度見到後壁區翁振翔區長，他總是處處為當區的校園考量。他說，真的很希望可以多在後壁區的學校成立靜思閱讀書軒，因為書軒裡面的書是心靈的涵養，這對在偏鄉的學子非常重要。

安溪國小校長蔡志奇也分享，他的孩子小時候就接觸《靜思語》，有一句話他到現在依舊印象深刻：「口說好話，如口吐蓮花；口說壞話，如口吐毒蛇。」孩子已經上大學了，但這句話到現在他都還記得。也因此知道，靜思好書可以帶來很好的人文教育，而扎根要從小開始。

足跡．心路

以身作則，親自把愛帶給大家

早上從臺北坐高鐵到臺南，接到市長黃偉哲的電話，說等一下會到現場。我們還在從高鐵轉車前往安南區南興國小途中，當地志工就說市長已經到了。他先來關心一下，中途離開，啟用活動開始再回來，親自送上祝福及鼓勵。

之前的臺南靜思語音樂會以及大愛之友感恩音樂活動，黃市長都親臨現場。這天下午又特別抽出時間，前來給大家鼓勵。感恩他給予每一個人的關懷，大家看到他都很開心。也許這就是以身作則，親自把愛帶給大家。

教育與人文是一條漫長的路，但每一位師長給予的鼓舞，總會深深烙印在孩子心中。校方告訴我們，南興國小單親家庭及隔代教養的學生很多，全校弱勢學童比率占四三%。但黃寶東校長很用心，希望透過各種形式陪伴孩子們讀書，更重要的是提升品德涵養。

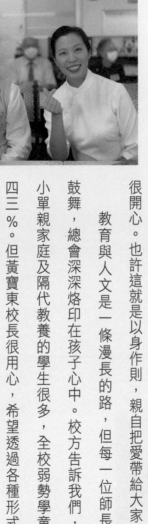

臺南南化國中
——地遠人不孤，偏鄉教育不能等

南化國中全校只有三班學生，加上教職員工不到百人。學校可運用的校務預算有限，購買圖書經費拮据，偏鄉的孩子與都市的孩子在學業競爭上相對有差距。

到偏鄉角落注入善能量

有感於偏鄉學生教育不能等，教育是成就孩子的基礎，而閱讀開啟孩子的視窗。當時的校長謝元入是一位充滿熱情的教育工作者，那天他說：「曾經在高雄遇見青兒師姊，心裡很感動，因為從她身上看到慈濟美善的光，當人遇到挫折時，看到美善的光，心靈就很感動。」

我自己有機會看到許多慈濟好書，閱讀當下感到很溫暖；後來有機會走到臺灣各鄉鎮偏鄉學校陪伴孩子，發現他們沒有這樣的好書可以讀。當時我心裡就有一個小小

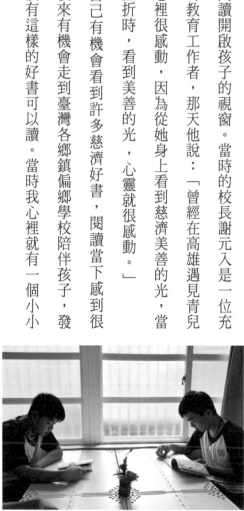

心願，要走進偏鄉校園設立靜思閱讀書軒，讓孩子有更好的課外讀物。

校長說，他剛來南化國中報到時，碰到慈濟志工嚴聖賢，在他身上看到慈濟人對孩子的愛，「今天有靜思閱讀書軒也是嚴師兄在幕後促成，深深感覺慈濟對整個社會有一股正向的能量。」

到南化國中設立書軒，就是希望有一股善能量注入，讓善能量更增強。孩子看到一本好書、一句好話，相信他們長大後在職場上，面臨人生困境時可以運用得到。這也要謝謝好多人，因有大家的支持，以及這麼多學校、老師陪伴同學一起來讀書，學習口說好話、心想好意，書軒才能發揮淨化人心的功能。

好書好話，尋寶得好前程

慈濟志工劉銘正感恩表示：「上人曾經說『臺灣以善以愛為寶』，靜思閱讀書軒設立都是集眾人一點一滴的善心累積，才會來到南化偏鄉贈書。希望學生常到書軒來尋寶，因為一本好書可成就一個人的好前程。」

南化山區居民除了務農收成之外沒有其他收入，而臺灣最近幾年氣候不調，農產品收益大受影響，青壯年外流謀生，人口銳減。老化，加上少子化，在學區內國中就讀的學生不多。地遠人不孤，幸而有慈濟的大愛，以及慈濟志工不因學校學生少而放棄關懷，仍是用心的陪伴。教育不能等，城市有的，希望偏鄉也不缺，因為每個孩子都是國家未來的希望。

在臺南，有一位退休校長標耿安，他是教育界的前輩，與多位校長熟識。他陪伴我們的同事和慈濟志工到許多學校進行前置作業，成就好幾間臺南的靜思閱讀書軒。現任校長陳榮華也對教育很用心，持續努力推動閱讀好書，種福田。

足跡．心路

心中有愛，力量無窮

南化國中學生鄭靖渝參加花蓮靜思書軒青年心靈講座，活動第三天早上與全球的家人分享她的想法，獲得許多人回響：

大家好！我是來自臺南南化國中的鄭靖渝。非常感恩慈濟在南化國中設立靜思閱讀書軒，讓我有學習與成長的機會，在校長和老師的引導下，養成閱讀的習慣。山區的孩子需要關心和陪伴，最重要的是自立自強，同時要懂得感恩與回饋，從小培養慈悲心。

我家和慈濟的因緣是因為莫拉克水災的災情。當時慈濟在玉井蓋大愛村，我的媽媽鄭幸枝『以工代賑』。那時我才三歲，長大後聽媽媽講才知道，如今我已經十三歲、國中二年級了。

我有一個哥哥鄭銘峻，從小因車禍的後遺症常常跑醫院，後經嚴聖賢師伯因緣，從臺南南化到新店臺北慈濟醫院，在陳英和醫師（花蓮慈濟醫學中心名譽院長）與團隊的悉心照顧下，前後十三次開刀。住院期間感受到慈濟人從南到北、從北到南的關心與陪伴，這讓我們全家非常感動，爸爸鄭傳明決定參加慈誠隊的見習和培訓，成為南化區慈濟的生力軍。

在爸爸媽媽的有心帶領下，我慢慢知道慈濟在做哪些公益活動。南化水庫供應臺南和高雄民生用水，慈濟做環保，這裡是水源保護區，上人講「清淨在源頭」。更幸福的是參加慈少（慈濟青少年簡稱）班，師姑、師伯的鼓勵讓我成長不少，特別是品格教育。今年暑假報名參加靜思書軒青年心靈講座，希望能開拓視野。

在山區看到媽媽在自助餐店打工，下班後趕著到電力公司做清潔工，晚上還要洗遊覽車，爸爸要照顧墓園的工作，還有身心障礙的姊姊要照顧。我要更努力學習，因為我想成為一位軍人，好分擔家裡的經濟。

我最喜歡的靜思語是：「心中有愛，力量無窮。發願付出，無事不成。」短短兩句話，卻表明了只要有心沒有什麼不可能，願意付出，一定會得到最好的回饋。」

鄭靖渝因為聽師父說「吃葷代表把動物的屍體吃下肚」，動物也有生命，應該跟人類一樣受到平等的對待，她覺得很有道理。回家後，她下定決心開始吃素，也決定努力用功，轉到慈濟中學，希望自己長大後跟青兒姊姊一樣有自信及勇氣。

臺南大內國中——眾人的愛，造就充滿祝福的空間

臺南大內國中位於曾文溪畔的內江里，離主要市街稍微偏遠些。這裡的師生純樸善良，據校方統計，一半以上的學生來自弱勢家庭。

學校原本的圖書室位於三樓，因日晒較熱，夏天往往尤其難以久待，遑論靜下心來看書。因此，學校希望申請設立靜思閱讀書軒，設置於接近學校大門的多元教室，可提供學生就近閱讀。而學生在等待家長接送的同時，也可在此處看書，培養閱讀興趣與習慣。

啟用前幾週，臺南的同事及慈濟志工前來布置。不少年長的志工幫忙擦拭高處的電扇，老師及同學也一起做空間環境的大掃除。李世昌校長更以身作則，帶著同學一起來，並親自爬上高處擦拭鐵窗。看到同事傳來的照片，很令人感動。

每一間美麗的靜思閱讀書軒，都有許多人的愛一起結合。有人出錢、有人出力，造就一間間充滿祝福的地方。而幸福的我，總是到了啟用的時間來到當地，一起領受大家的用心，還有人間至真、至善、至美的點點滴滴。

臺南塭內國小
——文創活絡、靜思語淨化，永續百年老校精神

走過百年風華的塭內國小，我們在它舉辦百年校慶前啟用靜思閱讀書軒，讓老學校有了嶄新的風景。

塭內國小位於臺南市佳里區，是臺南第十八間、也是全臺第一百四十七間靜思閱讀書軒。這裡曾經的繁景，隨著農業經濟的式微而消失，褪下過去的繁華後，與一般高齡農村無異。再加上少子化，校園畢業生也從百人變成十人不到。

優秀人才回鄉，活化社區

哈佛畢業、在政大任教的榮譽校友黃柏棋教授，小女兒也在這裡就讀。他說：「回來家鄉之後，發現整個社區非常凋零，年輕人不見了，因為沒有產業可以做，所以我希望能讓社區活化。」他跟太太決定搬

回小鎮，太太是畫家柯怡綸老師，把當地的農產品畫成立體書，更把老街的面貌畫成大型音樂盒。

我剛進校門時看到一幅畫，是「塭內半日遊」的地圖，覺得很有創意，便拍了下來。後來才知道，原來這幅畫出自高手。黃柏棋教授及柯怡綸老師，希望找出這個村子老街的特色，也希望讓這裡的孩子，包括他們的女兒，看到在地文化的美好。

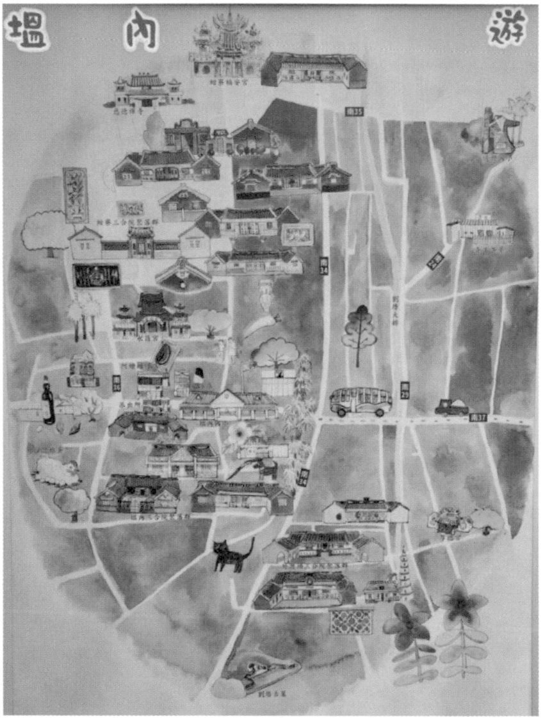

先靜心，然後學會用眼睛、用心體驗

老校注入活力及創意，靜思閱讀書軒也在這裡落地。有學生說喜歡這裡的安靜；也有學生黃辰妃說，她可以從這些書裡面知道一些人生勵志的話。塭內國小校

長陳沅一路帶我們參觀，包括學生畫的家庭背景圖：在同一幅畫中，畫出爺爺奶奶的職業、爸爸媽媽的職業，以及自己未來想做什麼，非常有創意。有孩子的爺爺奶奶是養雞的，爸爸媽媽做清潔衛生工作，他將來想當護理師。

另一位孩子的爺爺奶奶在成衣廠工作、身兼果農，爸媽有一位是廚師，他長大想當護理人員，也有人想當牙醫師。我對他們畫的圖很感興趣，覺得還好有許多醫護人品典範的書，以及也是臺南人林欣榮院長的書可以讓他們閱讀。

校長說，靜思閱讀書軒可以讓心靜下來，然後開始學會用眼睛、用心，還有用自己的人生去體驗知識。文創活絡，再加上靜思語淨化，讓百年老校精神，永續傳承。

臺南崇和國小
——好書提升品德教育、情緒管理

來到關廟區的崇和國小，周志和校長看到我們非常開心。他說，他參加過許多次靜思閱讀書軒的啟用，但一直都是坐在臺下，他連臺南第一間偏鄉設立的玉井國中靜思閱讀書軒啟用都參加過，今天終於輪到他當主人了！

校長說，他總希望有一天，自己的學校也可以成立靜思閱讀書軒。去年他跟一群校長參加我們在中正紀念堂舉辦的「靜思語三十年論壇」，學到很多。他指給我們看當時送的靜思語小提袋，還有《靜思語》三十周年專書，他一直很珍惜。他相信藉由書軒的好書，對品德教育、情緒管理都能有很好的提升。

當天學校的太鼓隊為啟用典禮揭開序幕，真的很不錯。有二年級到六年級的孩子，其中一位帶著眼鏡的小帥哥，打起鼓來非常有活力，下臺後卻滿文靜的。我讚美

他、為他拍拍手，還給他看他們表演時我錄製的短片。

這裡是北港洪玉秀師姊的母校，她畢業快五十年，回到母校格外親切；臺南包東川師兄也是這裡畢業的。學校的主任說，希望後續有大愛媽媽可以一起陪伴孩子，導讀好書，涵養人文。玉秀師姊也發願，要開始在北港推動靜思閱讀書軒。

第四章

遠赴國境之南，成就美善點滴

隨著一間間靜思閱讀書軒在校園遍地開花，
希望孩子從架上挑選喜歡的書籍，
閱讀好書，分享美善點滴，打開美麗的心靈之窗；
透過探索及閱讀，找到方向，
並且成為別人生命中的太陽，
彼此給予力量、希望。

高雄杉林國中——探索、閱讀，找到人生方向

從杉林國中靜思閱讀書軒明亮的落地窗看出去是一片草地。校長梁坤茂說，原本的空間經過布置後很不一樣，希望孩子能夠從架上挑選自己喜歡的書籍，探索及閱讀，找到方向。

感恩高雄資深慈濟志工林景猷師兄，當時我請託他跟杉林國中校長提出設置靜思閱讀書軒的可能性，因為這是高雄第一間，景猷師兄便很積極的促成。

杉林國中啟用當天，天氣很冷，有一位女同學穿著單薄，這所學校的閱讀書軒經費認養人蔡炅廷貼心的脫下外套，走到她前面說：「我不冷，外套先借你穿。」現場的同學們一

在苦難中長養慈悲

片歡呼！這位女生很客氣，她把外套還給John，跟他說：「謝謝，沒關係。」一旁的美惠師姊又把自己的背心給她穿上。活動結束後，同學都說「想跟John叔叔拍照！」當天難得南部的天氣比較冷一點，心卻特別的溫暖！

杉林國中隔壁的「杉林慈濟大愛園區」，是二○○九年八八風災（莫拉克風災）後建構安全的永久家園。離開前，我們特地去看了一下。看到這裡的鄉親有個安全舒適的居住環境，還有慈濟當時為他們蓋的教堂，也到處可以看到部落文化傳承的足跡，非常欣慰。

從一大早出門到杉林國中分享好書分享美善，北高往返，非常充實的一天。期許自己每天可以心寬念純，美善人生，充滿愛。

高雄三民國中
——幸福幸運的人生，從閱讀開始

六月，高雄的同事跟志工去三民國中校園布置靜思閱讀書軒當天，有棵植物的花開了。花安靜了一個月，啟用當天，花竟然又開了！三民國中校長黃金花說：「這五年來，我從沒看過它開花。你們來就開花！」

原來，這樹叫「幸福樹」。我說，校長叫「金花」，乾脆就把花兒取名「金花」吧！校長開心的說：「感恩有您們鼎力促成，讓『金花』的『願』，築夢踏實；孩子們幸福幸運的人生，從此開始。」

校長跟大家分享，她之前在獅甲國中看到淨斯福慧床跟桌椅，知道這個設計都是為了利益人群，讓她很感動，希望將感動延續到這裡。透過一本本好書、簡單的桌子椅子，述說的是許多愛的故事。這個空間也許就像淡淡小黃花，給人一種淡淡的溫馨、淡淡的幸福感。

平安就是福。希望書軒的好書，都可以陪伴青年學子，讓他們在成長的過程中，有個亮麗的人生與未來。

高雄獅甲國中
——接觸多元的善書籍，從善扎根

最初，獅甲國中校長陳正憲是在參加竹後國中的閱讀書軒啟用時，主動提出希望可以在學校設立一間如此美善的空間。他希望孩子從國中一年級就開始接觸多元書籍跟善的書籍，讓學生從善扎根。

王獻聰師兄、陳美惠師姊也第一時間開心的響應認養。原來她是這裡的校友，離開校園三十九年，懷著感恩心回饋母校，希望讓小學弟學妹們，能在愛與善的滋養下茁壯身心。校長特地將校園裡傳遞善念的靜思閱讀書軒，設置在一年級教室附近。全臺灣第八十六間靜思閱讀書軒在獅甲國中歡喜啟用！

獻聰師兄跟美惠師姊是非常單純的慈濟志工，高雄一帶多虧有他們拋磚引玉帶動，並協助募集大家的善念，共襄盛舉。美惠師姊也親力親為，帶大家布置每處空間。

出生嘉義縣竹崎鄉的美惠師姊說，她小時候住在雲

霧繚繞的阿里山間，假日常有大學生到此旅遊，一名大學生送了《有你，真好！》及作家席慕容的詩集給她，這是她第一次接觸課外讀物。小五那年，她從嘉義搬到高雄，愛群國小老師陳元昌對從偏鄉轉學的陳美惠特別關愛，他透過閱讀翻轉偏鄉兒童發展條件的劣勢，並告訴她要「今日事、今日畢」，一句好話深植小孩心中。

經營皇裕建設公司的王獻聰師兄因為上人常常到高雄分會，他看到很多志工迎接上人、恭送上人，深深受到吸引。他小時候參加童子軍會日行一善，長大會賺錢就開始捐款。後來輾轉看到慈濟高雄分會，他認真的思考、了解「慈濟到底在做些什麼事」。他經常跟大家分享上人說過的話：「能知足才能善解，會善解才能包容，能包容就懂得感恩，有感恩心的人才能真正發揮大愛。」時常幫忙邀請企業家一起來護持。

高雄廣興國小
——推動創意、帶動閱讀，用愛陪伴學生

從高雄坐了約一小時的車程，來到美濃這純樸的鄉鎮。一眼望去，青山環繞，綠油油的稻田綿延，小番茄果實落滿地。傳統客家建築承載著歷史，更是客家傳統觀念與生活模式的呈現。

美濃廣興國小舉辦了溫馨孝親月，除了各種才藝表演，孩子們也奉茶給媽媽或奶奶。校長謝惠君親自邀請生命中的貴人、也是她的老師周德禎院長上臺。謝校長奉茶給周院長，兩人都流下動人的眼淚。從研究所的導師直到現在，二十年的師生情誼，讓現場所有人深深感受到尊師重道教育的傳承。

在周德禎院長的引介及牽線

下，靜思閱讀書軒也同時啟用。周院長是屏東教育大學文化創意產業的教授，也曾是慈濟大學人社院院長。得知我們在臺灣各鄉鎮推動閱讀書軒時，她第一個想到的，就是廣興國小的謝惠君校長。

跟謝校長互動，真的就像周院長所形容的：「她是非常有理想、很棒的一位校長，除了用心復興在地文化，推動創意、帶動閱讀，更重要的是用愛陪伴學生。」謝校長說，靜思閱讀書軒很重要，之後還要在校園帶動靜思語，不只是熟讀、更要實踐。後續也會設計活動，讓孩子將他們實踐的靜思語寫下來。

植著・染鄉絲

從二〇一四年開始，廣興國小的師生就開啟復育木藍之路。謝校長與美濃地區居民共同努力的使命，正是客家藍染的文化復興。從找尋消失了一百二十年的木藍種子開始，到栽種及培育，採收時更是社區總動員，連國小學生都在清晨四點就到木藍田報到，準時採收。謝惠君校長說，穿戴上藍染領巾，可以幫忙將美麗的藍染傳統與更多人分享。

在這裡感受到許多人一步一腳印，讓沉寂一世紀的菁田風華在地重現，原來已存在的根扎得更深，傳承美麗的藍染傳統，更希望幫助弱勢居民及返鄉青年得以安居樂業。這趟高雄美濃廣興國小之行，讓人領略到客家藍染的文化之美。

高雄甲仙國中——一起感受愛、分享愛

第一次來到甲仙，大家都說這裡的芋頭很有名。但這次來不是為了吃芋頭，而是甲仙國中的靜思閱讀書軒啟用。

杉林國中閱讀書軒啟用時，梁坤茂校長介紹了當時的甲仙國中校長鍾文杰。鍾校長特別前來，希望有機會也在他們學校設立閱讀書軒，顏子傑師兄則答應認養。後來鍾校長陪著靜思同仁與志工到許多學校互動，成就不少間校園的設立。當天除了太鼓隊開場表演，鍾校長還請學生分享《靜思語》的閱讀心得，真的很用心。多位高雄學校的校長都前來，希望他們的學校也可以成立。

時任高雄市教育局局長、現任監察委員范巽綠百忙中蒞臨祝福，她的好友、花蓮慈大附中校長李

玲惠邀請局長蒞臨，並從花蓮趕來陪伴。還有當時的慈濟教育志業執行長、現任臺北市副市長蔡炳坤也特別前來。感恩眾多師長一直給予鼓勵與肯定，以及所有同事及志工的承擔與付出。

當天還有美濃龍肚國中靜思閱讀書軒的啟用。龍肚國中靜思閱讀書軒的窗外是綠樹，坐在裡面看書真的很舒服；而龍肚國中可愛活潑的學生，則令人印象深刻。

有人說美濃很美，但這趟美濃行的兩間校園時間緊湊，沒有時間多走走，只有在校園行結束，行經美濃文創中心時，看了一下美濃油紙傘。紙傘做得很好，我在二十分鐘內挑選了兩把傘。帶著粉藍及粉紅兩把傘，搭飛機前往下一站——澎湖。

足跡・心路

臺灣最重要的善的力量

前高雄市教育局局長、現任監察委員范巽綠，二〇一九年擔任教育部政務次長時，在靜思語三十周年活動上曾與大家分享對慈濟、靜思閱讀書軒的想法：

我在教育界多年，有多位好朋友都在慈濟的團隊裡從事教育的耕耘，慈濟可說是教育界心靈上的夥伴，是臺灣非常重要的一股善的力量。這個善的力量因為慈濟志工的付出，進入到各個學校。

例如《靜思語》搭配靜思閱讀書軒，已經進到中、小學，特別是偏遠地區的中、小學。閱讀書軒進入校園後，布置以藍色、白

色的桌椅為主，就是一個安定的力量。就像上人說的：「心一定要靜下來。」其實，人的內在都需要平靜、安定的力量，可以幫助你思緒清晰、做人做事有規矩。我每次翻開《靜思語》，隨便翻到哪一頁，幾句話就讓我得到很大的啟發。

《靜思語》說：「每一天都是做人的開始，每一個時刻都是自己的警惕。」每天都要檢討、審視自己，今天有什麼事情該做，什麼事情需要改進、進步。我覺得《靜思語》就是一個這樣潛移默化的力量。所以上人說：「靜思語無關宗教，它是一種心靈的力量，一種人生的智慧力量。」這個人生的智慧力量，教大家怎樣做人、怎樣做事、怎樣跟同伴共好，是臺灣最重要的善的力量。

我很少見到一個國家、一個社會，有這麼多志工在推動、在助人，他們常常忘了自己，永遠說：「我們要付出，要關心更多人。」從來不居功、不要名，就是付出。這樣的力量對臺灣非常重要，因為有這股力量，我相信臺灣社會永遠可以往上，也會幫助其他需要幫助的人。

靜思閱讀書軒捐贈的不只是書籍，也是愛心跟關懷，以及長久跟學校結緣，讓學校愈來愈好。這樣的力量正在全臺灣散播，不只臺灣、還將散播到國際。

高雄大樹國中
——大樹伴書香，新芽透過知識的力量茁壯

大樹國中靜思閱讀書軒啟用那天，是學校五十九周年校慶。為了因應大樹國中的校名，志工們在書軒內打造了一棵很不一樣的大樹。

高雄的王獻聰師兄及陳美惠師姊，特別請來設計師，在靜思閱讀書軒牆面設計出大樹意象，以大樹概念設計這個書櫃。象徵著：在高雄大樹區的大樹國中靜思閱讀書軒的大樹下，期待青年學子一天一天長大，像大樹一樣庇蔭更多人。

啟用活動中，鍾淑屏老師上臺跟大家分享。她說：「靜思閱讀書軒裡面都是一

本本的好書，這對我們的學生來說有長遠的影響。」她很喜歡看我參與主持的「靜思書軒心靈講座」，一開始是看我訪問楊定一博士，帶給她許多正面的思維及力量。後來持續收看其他場講座訪問，即使身在遠方，也能透過一場場講座受到啟發與鼓舞。講著講著，老師就哭了，我忍不住上前給她一個擁抱。

大樹國中校長王俊哲表示，以後要在這裡舉辦各種課程，讓學生深入書籍、菩提鐘鼓。讓孩子如同坐在大樹底下閱讀般的優閒愜意。大樹伴著書香，讓這群新芽透過知識的力量，發光發熱。

足跡．心路

在優雅環境讀好書，在單純心靈種下善種子

高雄杉林國小啟用那天，校長陳淑惠的致詞，讓我感動的流下眼淚。她感恩大家對較偏遠校園的關心。這裡有很多孩子都是單親、隔代教養，或新住民的孩子，靜思閱讀書軒可以讓孩子在優雅的環境中讀到好書，並在小小、單純的心靈，種下善的種子。

學校還製作播放了一段影片，可以看到當地志工的用心。設立書軒前，高雄志工發現這裡燈光嚴重不足，決定把全校的燈都改為LED燈，幫校園更換。其中有不少上了年紀的志工，他們不但爬上爬下、幫忙維修燈具，整理、布置靜思閱讀書軒，還有人跪在地上擦拭地板。

當天主持人、教務主任林佳穎語帶哽咽的說，因為學校比較偏遠，雖然政府有換燈的預算，但沒有廠商要來做，因為太遠、不划算。離開前，一位小女孩抱著我說：「青兒姊姊你要再回來喔，你們都要再來喔。」充滿溫暖的南臺灣！

高雄水寮國小
——書軒如蓮花，讓校園成為蓮花池

高雄大樹國中靜思閱讀書軒啟用時，同在大樹區的水寮國小校長黃淑珍告訴我們，很希望可以將書軒帶到他們校園。校長的心願達成了！

愛倫麵包創辦人黃昌裕師兄，原本是務農子弟，因為偶然的機會將做麵包的技術與藝術融合，廣受歡迎。事業有成後，持續回饋社會。他和妻子發心認養這個空間的經費，因為這裡也是他的故鄉及成長地。他小時候住外婆家，這裡是他玩耍的地方，更是童年幸福的記憶。

黃校長說，有了靜思閱讀書軒後，一定會讓它發揮良能，將品德教育納入孩子的學習。而這個空間可以讓孩子、老師，甚至很棒的一群家長志工在這裡讀書跟交流。黃校長溫言軟語、講話非常有磁性，她親

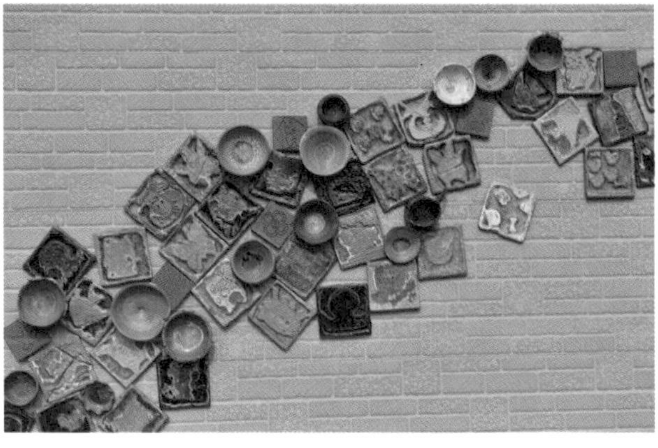

自將今天的流程寫在黑板上。她說，手寫的更有溫度。

學校的三任家長會長都來參與。現任家長會長黃奕翔說：「書軒就如蓮花，我們三個會長跟校長會同心協力，讓整個校園成為蓮花池。」聽他講話，覺得很親切，後來從校長那裡得知，黃會長大學時是慈青（慈濟大專青年）、也是臺灣科技大學慈青的創社社長。

教育局督學黃麗滿也來勉勵大家，她說：「書如降落傘，打開才有用。」讓我們一起陪伴、鼓勵孩子打開書本，看到更寬闊的世界。

高雄桃源國中
——成為自己與別人的貴人

桃源國中是高雄市海拔最高的國中，距離市區一百公里，從高雄市區開車要兩個多小時，才能抵達這個山中的桃花源。這裡的學生都是布農族或拉阿魯哇族原住民，從東西兩端（東端梅山里、西端高中里）到學校上課的距離，加起來大約三十公里。

我跟非常有愛的陳世明校長，是在甲仙國中相遇。當時他遞上名片，表達在學校設立靜思閱讀書軒的意願，希望讓山上的孩子可以閱讀好書，分享美善點滴，打開美麗的一扇心靈之窗。他告訴我們，希望桃源國中也可以有一間靜思閱讀書軒。我跟他說，我們一起來成就。從那一刻起，我一直關注、關心著學校孩子的動態，彷彿我也是學校的一員。

靜思閱讀書軒啟用這天，學生以天籟般的歌聲及動人的舞蹈迎接大家，令人震撼動容。每個人的眼神都炯炯有神，流露出堅毅吃苦的精神，一舉手、一投足，展現最自然的藝術之美。

山上的孩子愛跳舞，他們天天利用課餘時間主動練習。學校沒有練舞教室，平時只能在籃球場上光著腳丫練習，磨出水泡是常有的事。在這樣刻苦克難的環境下，他們依舊獲得舞蹈的全國冠軍，讓人忍不住為他們喝采！除了為他們開心，更為他們祝福。

閱讀打開一扇窗，種下愛的種子

我跟他們分享了雲門舞集藝術總監鄭宗龍老師的生命故事。他從小學舞蹈，一路上誘惑、挑戰不斷，但因為心念堅定，還有貴人的鼓舞，讓生命發光發亮。我告訴這些孩子，我和宗龍分享他們得獎的影片時，宗龍直說孩子們很不簡單，也替他們歡呼。

靜思閱讀書軒的成立，是希望這些孩子可以留一些時間，在這裡靜思及閱讀。這時，大家突然圍在《緣起不滅只是新生》這本述說八八風災點點滴滴的書翻閱。原來，他們

我的靜思語

桃源國中學生華姵伶：「原諒別人就是善待自己。」看愈多靜思語，會讓自己的身心跟脾氣都變好。

都是十幾年前八八風災的受災者，書中的許多人物他們都認識。主任也跟大家分享了自己的經歷，風災過後，平安健康其實就是最幸福的事。

祝福這群令人疼愛的孩子。除了有一群很棒的師長，是他們生命中的貴人，更希望他們靜下來閱讀書軒的書，由此打開另外一扇窗，在心中種下愛的種子，在未來成為自己與其他人的貴人。

過程中，陳幼卿師姊找了陳月嬌師姊帶著團隊，看到校園的燈泡需要維修，就出錢出力；看到學校樹屋的地板需要整理，就來整理更換；還有幾位志工直接住在學校三天；高雄的所有志工及同仁，來回很多次布置整理。對於大家無私的付出與奉獻，心中有說不出的感謝。願我們都能成為別人生命中的太陽，彼此給予力量、給予希望。

很開心可以跟桃源國中的孩子，以及很有使命感、很有愛的校長和老師們，一起度過這令人難忘、非常感動又幸福的下午。雖然這趟路途遙遠，感覺卻不遠；因為只要有心就不遠。心，是世界上最遠、也可以是最近的距離。感恩有許多人一起陪伴、共同成就，讓心不遙遠。

足跡・心路

成為別人生命中的太陽

二〇一九年十一月，靜思語三十周年的音樂會上，桃源國中合唱團特地前來獻唱，表達感謝。來自高雄山區的布農族組曲，傳遞對大地的感恩。他們從山區趕赴高雄靜思堂演出，精湛的合唱，是他們平時努力的成果。

他們的歌聲常迴盪在校園，合唱團屢次獲獎；校內的靜思閱讀書軒啟用後，提供了豐富的人文書籍。學生柯宇桓說：「我會想要主動跟同學去看書。」校長陳世明說：「學生在靜思閱讀書軒裡能自在的閱讀，也有老師陪伴，所以有了這樣的設置後，讓我們的學生在靜思書軒的使用率又更加強、提高。」

有了書軒，孩子們時時能以靜思語鼓勵自我。靜思語的陪伴，讓學生克服生活中各種挑戰，如今他們也用歌聲，在音樂會上傳達心中滿滿的感恩。

高雄觀亭國小
——一句話化解問題、打開心房

內門區觀亭國小校園，與三百年的紫竹寺相鄰，清幽靜謐。還沒到觀亭國小時，陳美惠師姊分享，他們來來回回校園好多趟，始終不放棄在這裡成立靜思閱讀書軒的想法。因為他們在學校發現，有一面牆用陶燒的方式，寫了一句一句的靜思語。他們問了不少人，都沒有人記得這牆從何時開始存在、這些靜思語究竟有多少年，日日在校園陪伴著大家的童年成長。

我近距離看了這面牆，好多熟悉的靜思語：「心美看什麼都美」、「太陽光大，父母恩大，君子量大，小人氣大」等。說不定這面牆已經三十年了，因為《靜思語》出版三十週年，而這些句子都可以在《靜思語》的第一集中看到。

真心佩服這群志工，他們為了成就靜思閱讀書軒成立、讓書軒在適合的空間設置，做了很多調整。他們幫學校搬遷、整修廚房，籌措支出的經費，最後讓老舊的空間改頭換面，成為明亮的人文閱讀空間。

觀亭國小的閱讀書軒由楊明珠師姊認養。當天她非常感動，說自己是內門的媳

婦，先生每次回到觀亭國小都很心痛。因為這裡的土地無法耕種，沒有農作、也沒有工業區，人口外流嚴重，明年是學校八十周年，學生卻愈來愈少。她希望能有靜思閱讀書軒，讓孩子們讀好書、學習品德。這段期間，在毛泰元校長及老師的帶動下，學生們閱讀《靜思語》，並將他們的學習用畫呈現出來。看到孩子因為讀好書而受益，她感到特別開心。

主持人陳麗珠老師跟大家分享，她定期收看大愛電視靜思書軒心靈節目的播出，原本遇到一些瓶頸，但因為心靈講座節目的一句話，化解了問題、打開心房，特別珍惜跟大家見面的機會。

相聚的時間雖然短暫，卻很深刻。期待有一天再回來。

高雄瑞豐國小、屏山國小
——讓閱讀風氣帶動整個社會

慈濟志工張順興很有人文涵養，他長期對教育用心推廣，深信教育可以改變一個人的生命。

我們開始在全臺推動靜思閱讀書軒時，有一次，當時的慈濟教育志業執行長蔡炳坤與他分享這件事。他聽了覺得很有意義。主動到高雄的靜思書軒詢問同仁，同仁跟他說高雄還沒開始。

半年後，他得知高雄已經開始推動，陳美惠師姊詢問後，他認養了兩間：一間是有一千多位學生的前鎮區瑞豐國小，另一間則是大樹區的偏鄉校園溝坪國小。

張師兄在前鎮區長大，他希望讓閱讀風氣可以帶動整個社會。瑞豐國小校長曾振興則認為，教育最需要的是心靈、品德、扎根方面的書，而靜思閱讀書軒剛好補足教育最

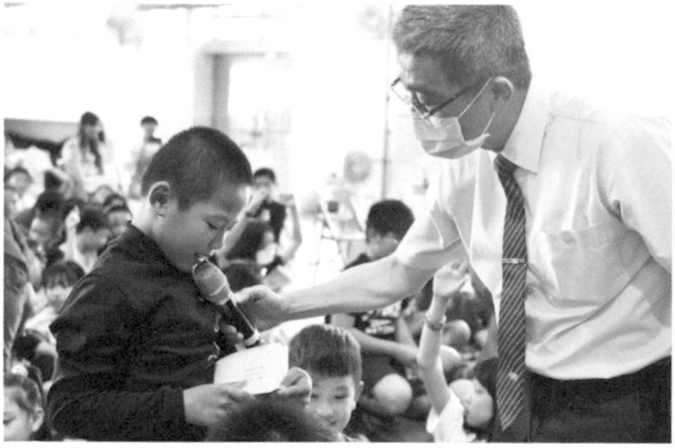

需要的這一塊。

在屏山國小，主持人問誰要分享靜思語，大家搶著回答，超級踴躍。負責傳遞麥克風的志工就是李柏熙師兄。

二〇〇七年，全球最大的靜思書軒在高雄靜思堂成立。除了北部，我也很想推廣《靜思語》到高雄的飯店，因此認識了李柏熙和歐于菁夫婦，當時他們是慈濟會員跟榮董。他們兩夫妻人很好，我建議他們將《靜思語》放置在柏熙師兄經營的飯店。他們覺得這本書很好，很開心的請購書籍帶回去，同時深入研讀，用在生活中。他們的兒子瑋銘當時還是小學生，也到書軒當小志工。我鼓勵他們兩夫妻參加慈濟志工的培訓，兩年後，他們成為慈濟委員。他們年輕有為，投入許多濟貧教富的志工工作，也帶動全家人一起做。

除了找到做志工的喜悅，柏熙師兄多年來在高雄推廣「靜思語入飯店」，這段期間也親力親為，投入靜思閱讀書軒的推動跟關心。他們的兒子從美國念完大學回臺灣，也開

始投入慈濟見習志工，跟著爸媽一起為社會付出。

另外，高雄有幾位志工自稱「小公主」，後來才知道，原來不是公主跟王子的「公主」，而是「小工組」。他們跟著美惠師姊到高屏各地布置靜思閱讀書軒，不管是要掛畫、整理、修繕，全都難不倒他們。屏山國小的空間很大，校長希望很寬的牆可以放上年年三好三願的海報，鼓勵同學口說好話，手做好事，心發好願。

那幅海報非常大，遲慶姍、黃秀霞、謝秀華、鄭莉娜、陳秀華就發揮良能，輸出海報後還裱框掛上去。他們很自豪，因為這是所有書軒內最大、最寬的年年三好三願。就如同他們的心願一樣，哪裡需要他們，他們都很願意來付出。

歲月也許不饒人，時空、人與人之間也許會變換，然而只要透過好書，都能連結善跟愛。

屏東高泰國中
——探索志趣，對準方向努力

經過了快兩年，我們重返第一間成立的靜思閱讀書軒——屏東高樹鄉的高泰國中。記得第一次來的時候，對這裡的印象就是風景秀麗、視野遼闊，四周分布著鳳梨園和芋頭園，不遠處有雄偉的大武山綿延。新任校長孫訢益非常親切，他說：「你安心，我一定也會好好照顧這間靜思閱讀書軒，讓更多孩子讀好書，提升人文素養。」

特教吳民安老師及教務主任李宜靜，分享了孩子的閱讀心得，有一位孩子寫著：「看過靜思語後，我喜歡的句子是『即使力量微弱，方向正確就應該鍥而不舍』。」

高泰國中地處偏鄉，慈濟決定援建成為減災希望

工程。這裡的學生除了高樹鄉的泰山、南華、廣興、廣福、舊庄等村，還有一大部分是來自三地門鄉的排灣族孩子。師長用心的為學生準備好舞臺：體育班、五大職群課程、十六個社團，讓孩子從中探索自己的志趣，對準方向努力，展露光芒。

好幾位熟悉的主任，都在自己的職務上為教育而努力。已經任教十六年的吳英仲主任說，很感恩上人及慈濟為他們援建校舍，也感恩慈濟人林碧玉副總當初來這裡看過之後，決定增加體育大樓的興建及設施。他說：「請替我們轉達感恩，希望她再來看我們。」

上一任校長印永生交棒給現任、年輕有為的孫校長。孫校長說：「青兒妹妹，有任何我可以幫忙的地方，請一定要讓我知道，讓我們為社會盡一點心。來屏東時，請再讓大哥招待喔，謝謝！」

《靜思語》有一句話：「快樂是計較的少，而不是擁有的多。」感謝擁有快樂的一天！

屏東萬丹國小
——走正途、利眾生，讓社會更加美好

屏東萬丹國小靜思閱讀書軒，是全臺灣第一百四十二間。感恩潘機利師兄的智慧，以好書好話回饋母校，用愛薰陶。

當天的啟用活動特別溫馨，潘機利師兄的大哥、叔叔還有女兒、親戚都來參加。布置閱讀書軒時，他親力親為、一起投入。出錢出力，令人讚歎。潘師兄很幽默，一路走來付出很多，所以當天很多人來參加，給予祝福。而潘師兄三兄弟的人生故事也非常精彩，他說，還好他找到生命的方向。

著名的萬丹紅豆餅負責人黃建龍、萬丹國中家長會會長，當天也參加了啟用活動。

他認為靜思閱讀書軒很有意義，並主動提到萬丹國中明年一百周年校慶，如果可以，希望也能設立靜思閱讀書軒，潘機利師兄說可以一起來成就。

《靜思語》一直都是學生很喜歡的讀物，他們甚至用繪畫的方式寫心得。靜思閱讀書軒設立後，學生更是一下課就來。有同學說這裡很多書、很安靜，而且很漂亮。

感恩有許多人拋磚引玉，帶動美善，啟發更多的善念，讓社會更美好。

第五章

行過太平洋之濱，扎根教育與人文

有些學校，距離臺北真的有點遠，
但是每次去，心裡都特別溫暖。
雖然路途很遠，但感覺不遠；
只要有心，就不遠。
因為「心」可以是世界上最遠、也最近的距離。
感恩有許多人一起陪伴、共同成就，讓心不遙遠。

宜蘭憲明國小
——讀好書，豐厚生命

週日早上五點半，我們從臺北前往宜蘭三星鄉，當天是憲明國小七十周年校慶，也是宜蘭第一所靜思閱讀書軒啟用。一路上，綠油油的稻田圍繞著，這裡有著濃濃清新的味道，道路兩旁是稻田以及蔥田交錯，可以看到開著花的三星蔥。

感恩賴精一師兄開車接我們，因為路程很順、提早快一小時抵達，周邊望去都是田園，一片開闊綠意，彷彿讓昨日的煩惱遺留在沿途的靜謐之中。附近的「天送埤火車站」建立於一九二一年日據時代，當時日人為運送太平山豐藏的紅檜、扁柏而興建，現在已無林木運送，鐵道廢置，只餘下這棟老建物，保存著歷史的痕跡。

當天有縣府教育處長陳正華、縣議會議長陳文昌、三星鄉長黃錫鏞及宜蘭縣多所國小校長與會。「一時勸人以口，百世勸人以書」，國家的希望在孩子，而孩子的希望在教育。

讓空間發揮最大功用，培育學生人文素養

當時的宜蘭縣教育處處長陳正華表示，很感謝慈濟協助，讓宜蘭在地有這樣良好的閱讀學習空間，希望將來能持續在多所學校設立。憲明國小校長王信義也表示，將會讓「靜思閱讀書軒」發揮最大功用，除了是閱讀空間，還會做為書法、陶笛練習教室使用，培育學生人文素養，與學業並進，發展多元學習。

攝影大師阮義忠老師也蒞臨祝福，帶著不少很棒的著作送給學校。他是宜蘭人、頭城國小畢業，期待自己的母校也能有一間靜思閱讀書軒。

林桂英師姊是憲明國小第十四屆校友，已經畢業五十六年了，平時都在臺北萬華靜思書軒擔任志工。她發了一個願，希望母校也能有一間閱讀書軒，讓學弟學妹可以跟她一樣讀好書，豐厚生命。

在王信義校長的支持與肯定下，立即找出適合的空間。並在臺北萬華眾多慈濟志工共同集資之下，於憲明國小七十周年校慶的同時，舉行「靜思閱讀書軒」啟用，踏出宜蘭偏鄉教育的一大步。

宜蘭東興國小
——愛的力量，在故鄉落實

三十五坪的大空間，明亮整潔，擺上福慧摺疊桌椅。歷經三個月的改造，靜思閱讀書軒終於在師生的期盼下，於宜蘭東興國小亮麗啟用。

之前這裡是課後輔導教室，創校使用至今，還兼做倉庫，地板布滿了凸出的舊水管。為了翻修，全校主任、老師與志工都挽起衣袖，投入舊教室的大改造。如今煥然一新，讓往後學生課後輔導，多了更明亮的空間。

啟用這天很特別，有一群來自菲律賓的哥哥姊姊也同時前來。二〇一三年，海燕颱風重創菲律賓，慈濟在奧莫克援建大愛村。村子裡的住戶家境普遍貧困，他們的孩子半數沒錢就學。志工資助孩子上學，同時引導志工服務。最近他們回到臺灣參加營隊，希望之後能把愛的力量，帶回自己的故鄉落實。曾經是孩子的他們，現在成了為別人付出的青年。

菲律賓慈青們利用搭機回國前來到這裡，用吉他、歌聲帶動溫暖氣氛，留下深刻的歡笑與記憶。儘管言語不同，但微笑就是美好的語言。世界地球村。

年年三好三願

宜蘭大溪國小
——提升孩子閱讀意願，與社區共享資源

靜思閱讀書軒在宜蘭大溪國小正式啟用，是宜蘭的第七間。這所學校創立於一九一八年，剛過百歲生日。校園被山海所環抱，讓同學們閱讀好書之外，也能閱覽群山大海之美。我們驚訝的發現，學校的孩子都會手語比慈濟歌曲！原來是因為，平時都有大愛媽媽來帶動品格教育。

靜思閱讀書軒的大海報輸出「年年三好三願」的框，是校長方俊欽買材料親自釘的。校長很開心，他說外面好冷，但裡面很溫暖，還準備了親手做的禮物。「禮物的意義等於慈愛，書軒就像慈祥的母鳥，呵護著大溪的莘莘學子，提供舒適良好的閱讀環境，陪伴學子成長茁壯。」還有孩子們的感恩卡，字字句句都充滿溫暖。

那天老師透過一張張照片跟大家分享。原來，之前的圖書館因為設備老舊，便利用

校園的閒置空間建置閱讀書軒，閱讀書軒布置好後，大家就有了新的閱讀場域可以使用，吸引許多學生與家長來訪。舒適的讀書環境加上周遭的自然景觀，提升了孩子看書的意願。

這裡還有許多影音資料，之前老師買過一集「地球的孩子」，現在閱讀書軒裡每一集都有，大家都很開心。老師說，「地球的孩子」是很好的教材，可以讓孩子學會感恩及惜福。

校長說：「（書軒）後面的鐵門打開，可以看到一望無際的太平洋，從前門走出去坐在走廊，就可以向後仰望青山，是個非常好的地點。我們希望除了小朋友閱讀方便，社區人士也能夠一起享用書軒資源。」

宜蘭順安國中
——透過好書好話，在心中種下愛的種子

一本書，能增廣見聞。暑假來臨前，我們在宜蘭三星及順安國中，陸續成立第三十九及四十間靜思閱讀書軒，提供豐富圖書，空間布置，希望學生願意、有興趣踏進來。

城鄉的差距，讓偏鄉孩子在課外讀物的接觸上，少了一些機會，因此慈濟志工積極促成靜思閱讀書軒的成立，鼓勵孩子閱讀好書。宜蘭縣教育處許凱雯科長前來鼓勵：「非常感謝靜思閱讀書軒來我們的學校，閱讀是教育跟學習的基礎，希望能透過閱讀習慣的養成，培養自主學習的能力。」感恩許多校長一起蒞臨，包括憲明國小王信義校長。

布置簡單優雅，讓人忘記身處校園

開場的音樂演出，一曲曲熟悉的歌曲，從林景陽老師的竹笛到二胡，大提琴結合吉他，鋼琴及排笛的演奏。那天上臺分享時，眼淚像打開的水龍頭一樣直流，都說不出話來了。心中有太多的感動及感觸。與其說大家是因為靜思閱讀書軒而齊聚，毋寧說是因為有共同的心意，透過好書好話、透過真誠，在心中種下愛的種子。

整件事緣起於，有一天，我收到順安國中輔導室何方綺主任主動來訊，希望可以成立靜思閱讀書軒。她非常用心，包括未來書軒的運用她都想好了。不到兩個月的時間，如此優雅的校園靜思閱讀書軒成立。

宜蘭順安國中有一群非常棒的老師。為了

成就這間靜思閱讀書軒，大家齊心協力：教務處李立彬主任大器的鼓舞著每個人；重要推手何方綺主任；啟用典禮主持人、也是教國文的張秋雯老師，溫柔的聲音伴隨著美麗的微笑；還有張秀梅校長給予的大力支持，每個細節都好溫暖。看到他們彼此互相鼓勵，很難不感動。

這一站是如此的動人，如此的美好。感恩有大家！

足跡・心路

愛心，永不乾枯

現任宜蘭教育處處長王泓翔，主動關心我們設在宜蘭的靜思閱讀書軒，他肯定大家的努力，也認為宜蘭的校園尤其需要靜思閱讀書軒。

王處長說，他住汐止，歷經多次風災、淹水，都有慈濟志工煮的熱騰騰便當，至今一直感恩在心，希望以後也投入做慈濟志工。我們跟他說可以先從會員開始，每個月一百元善款捐給慈濟，點滴流入大海，永不乾枯。他馬上答應，也非常開心的繳了半年的功德款。

宜蘭目前有十所學校設立靜思閱讀書軒，王處長希望有更多宜蘭的校園可以成立，推廣美善教育。大家一起努力！

宜蘭大隱國小
——書香、心靈香、人文香

「一群彬彬有禮的學生」，這是我在宜蘭大隱國小看到跟感受到的。一到校園，氣氛整個都不一樣，師長在孩子的品格教育、待人處事的方法上，一定很用心。為了愛護地球，學校一週蔬食一天，慈濟志工也每個月都在校園跟孩子互動。

啟用當天，當時的校長陳碧卿說，大家都很期待靜思閱讀書軒在學校成立。當天校長為了跟大家搭配，特別穿了藍白系列的洋裝。那件洋裝她穿了二十年，依舊像新的一樣！真的是知福、惜福再造福。

校長還特別請平常都在臺中的師丈來協助、拍照紀錄，一起迎接大家的到來。在她身上感受到的熱忱及真誠，以及教之以禮、育之以德，令人印象深刻。

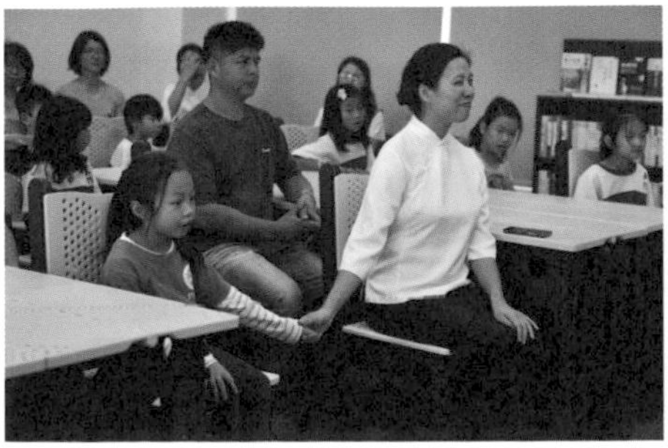

宜蘭南屏國小
——送孩子愛的禮物，讓愛的種子生根心田

揭開紅色布幕，宜蘭第一間、全臺灣第八十二間靜思閱讀書軒在南屏國小正式啟用。我們特地選在兒童節前夕送給孩子一個特別的禮物，宜蘭縣教育處長也特地前來鼓勵。

學校將閱讀書軒設置在校門口右邊。這裡原來是倉庫，為了設立閱讀書軒，花了一個月的時間趕工重新整理。這裡和圖書館一樣，有書、有座位，但孩子一進來，閱讀的感受就是不同。

推動「說好話、做好事、好禮貌」

令人讚歎的是，宜蘭縣教育處也推動說好話、做好事、好禮貌。百忙中特別前來參加的宜蘭縣教育處處長王泓翔說，除了希望引導孩子說好話，表達心中對父母

的感謝、對父母的愛，鼓勵人人「愛要勇於表達」，回家也要給父母一個擁抱，將愛分享給身邊每一個人。

感恩夏明義校長如此用心推動，感受得到他的創意活力及行動力，讓六百位南屏學子透過各種方式成長。包括以後晨光時間帶動晨讀活動，都會在寧靜、優雅的靜思閱讀書軒裡進行。也要感恩學校的主任及老師們，還有我的同事貽巧及宜蘭慈濟志工先前的布置整理。

這次也很開心，認識了家長會副會長吳芳茹。看到她與孩子們的互動，輕聲細語，得知原來她之前是護理師，難怪對人很溫暖。她跟著先生從臺北榮總到陽明醫院服務，全家都搬到宜蘭。她喜歡講故事

給孩子聽，我們邀請她一起加入宜蘭的大愛媽媽，進校園說故事啟發孩子善念，她也當場答應。

好人、好話、好書，好事聚集，真好！

宜蘭頭城國小
——結合社會與慈濟的力量，讓閱讀更普及

歷史的一刻——當代攝影大師阮義忠老師說，這是他經過五十多年後，第一次回到母校宜蘭頭城國小。這天也是全臺灣第九十七間靜思閱讀書軒啟用。我心想：「阮老師經過半世紀才回來，這所學校究竟多久了？」問了校長才知道，原來頭城國小居然已有一百二十一年歷史了。

這間靜思閱讀書軒的一面牆掛了幾幅阮義忠老師《人與土地》的作品，並附上照片背後的故事。阮老師的影集及文字著作也擺滿整排書架。往後，校園的老師及學弟學妹，都可以好好品讀學長紀錄臺灣的人文美善。

阮義忠老師也分享，他人生中有十五年的時間隨師紀錄證嚴上人的身影，也從頭到尾紀錄了慈濟援建的九二一希望工程校園。九月二十日開始，會在宜蘭「臺灣故事館」展出。

宜蘭縣長林姿妙也特別前來鼓勵。她說，希望這樣的教育

理念，能夠跟社會結合，結合社會與慈濟的力量，讓這樣的教育更普及。頭城國小校長黃志聖很用心推動閱讀。他說：「鄉下的小孩有的比較早來學校，這裡設接送區，剛好可以讓早來的孩子有個寧靜的閱讀空間。當初選擇地理位置時，我們是這樣考量的。」

在地企業「宜蘭餅」創辦人、同時是慈濟志工的劉鐙徽夫婦，也得知靜思閱讀書軒的推動計畫。當時正值疫情開始在全球蔓延，所有企業的生意都嚴重受影響，但他們依舊支持了一間靜思閱讀書軒的成立。因為他們認為教育不能等，布善種子，讓種子發芽成大樹。

感恩有許多人匯聚力量，幸福滿滿。

花蓮明義國小——閱讀、悅讀、樂讀

花蓮明義國小靜思閱讀書軒啟用及靜思語好書分享，由國樂班絲竹團的樂曲展開。當時的慈濟教育志業執行長蔡炳坤也蒞臨致辭，他提到：「減災希望工程學校，採光通風安全第一。靜思閱讀書軒在花蓮明義國小拔得頭籌，期待大家可以享有『閱讀、悅讀、樂讀』。」

那天我的父母剛好也在花蓮，邀請他們一起參加。小時候，父母會特別挑選很好的讀物給我們，思及此，我跟大家說，只要到這個人文空間，就可以從架上挑選一本書，內容都是正向的。

境教的重要

校長最後特別提到：「第一次看到我們一年級的孩子，能夠這麼優雅安靜的坐在演藝廳一起參與活動，這就是境教的重要。我們一年級的孩子做到了靜與觀，表現得真好！感謝老師平時的教導，更感謝慈濟基金會的支持與協助，期望邁向三好

三願。」

校長特別選擇在慈濟援建的藝才大樓，設立靜思閱讀書軒。就如同蔡執行長所說，這個地方充滿藝術，而藝術跟人文本來就可以結合。校長說：「期望透過這樣的空間營造，讓明義學童從一年級開始就貼近閱讀，在各方面都有所接觸，能夠愛上閱讀、享受閱讀。讓學生能隨時進書軒讀一本好書，即使分享一句好話都可以。」

負責推動閱讀的許慧貞老師很開心的說，她原本以為只有靜思的書籍，沒想到還有許多經過挑選的其他出版社好書，包括《我的故宮欣賞書》也在其中。

足跡．心路

不只是閱讀空間，也是品格教育學習重地

慈濟援助的希望工程聯合啟用時，校長們都來參觀這間人文閱讀空間。明義國小校長親自寫了一段文字，放在桌上：

靜思三好三願行　思緒澎湃書軒藏
人文空間滿書香　文學涵養奠底蘊
閱讀悅讀是樂讀　讀萬卷行萬里路
書道傳承需力行　軒昂不凡好身行

對校長來說，這不只是個單純的閱讀空間，也請全校老師將這個空間視為品格教育學習的重地，還常常提醒學校老師及同學，記得到校園的書軒去看書。

花蓮慈濟科技大學
——一念悲心，開啟生命美麗的窗

開闊雄壯、清新恬靜、典雅的建築，充滿人文氣息的校園，這是座落於臺灣花蓮縣的慈濟科技大學。它位於臺灣東部，西臨高聳的中央山脈，東臨太平洋（菲律賓海）。

二十九年前，出於上人疼惜原住民少女，希望照顧她們、學得一技之長，進而改善家裡環境的一念悲心，同時為了培育東部護理人才，成立了慈濟的第一所學校「慈濟護專」。

美麗的校園，開啟許多人生命中美麗的一扇窗，很開心在這裡認識不少優秀的學生，護理系、醫管系，以及很多原住民學生。

年年三好三願

花蓮慈濟大學、慈濟小學
——善用空間，讓人文深耕

向來受大家敬重的慈濟大學校長王本榮，於七月底榮退。他是校長、也是小兒科醫生，多年來在東部培育無數學生，很多學生現在都是良醫。王校長卸任後將繼續擔任醫師、教授以及慈濟教育志業執行長，新任校長則由副校長劉怡均接任。

王校長在卸任前，成就了第一間在大學設立的靜思閱讀書軒，學校特別將它設在人文社會學院圖書館內。感恩慈濟北二合心榮董聯誼會中的五十五人共同捐贈成就。

這天除了是啟用，更是一場感恩會，感恩王本榮校長承擔了十三年的重責。王校長與慈

濟淵源甚久，早在一九九七年任職臺大醫院時，他就利用每星期一天往返花蓮與慈濟醫院，協助看診。一九九四年，慈濟大學成立，他與夫人李六秀擔任第一屆慈懿會爸媽，一九九八年獲聘為慈濟大學教授兼醫學系小兒科學科主任，二〇〇一年擔任醫學系系主任，二〇〇四年成為醫學院院長，二〇〇六年獲聘為慈濟大學第六任校長，並連任第七、八、九任校長。

王校長有感於臺灣社會需要更多正向的力量，這幾年陸續出版著作《一生無量》、《相對不相對》、《上窮碧落下凡塵》，透過出書，讓更多人從他的著作中體會人生哲學和處事方法，期待未來可以看到更多他的著作。

新任校長劉怡均說：「我們接受了靜思閱讀書軒，會好好善用這個空間，讓人文深耕。」

以品德教育為重的學習基地

走訪臺灣各地的校園，回到慈濟的校園總是備感親切。花蓮慈大附中的靜思閱讀書軒，是全臺灣第三十間。

慈濟小學一直都是以品德教育為重的學習基地，來自全世界的參訪人員也常回到這裡。李校長特別重新裝修大門入口處，把左右兩邊的重要空間設置成靜思閱讀書軒及大愛科技展示館，推廣心靈環保、地球環保的理念，讓更多人知道。

舉辦啟用活動那天，稍早也舉行學校的浴佛大典，來自靜思精舍的四位法師特別留下來給予祝福。活動開場，由在這裡就讀、同時也是靜思書軒的小志工，共同呈現鐘鼓齊鳴《行願》。

小外甥女李明靜也在慈濟小學念書，她跟同學一起向所有人介紹導覽書軒。她介紹完福慧床還問大家「要不要坐？」可愛的小學生們開心的一起坐上來，留下充滿笑聲與溫暖的照片。

臺東桃源國中
——在世外桃源安住身心，勇敢圓夢

桃源國中位於臺東縣延平鄉桃源村，是延平唯一的一所國中。這裡很美，就像世外「桃源」，周遭環境很幽靜，學校師生單純。

提到延平鄉，通常都會聯想到紅葉村，大家耳熟能詳的紅葉少棒隊就是在這裡起家，延平鄉也成了棒球的故鄉。近三年，桃源國中正式成立了棒球隊。

桃源國中是原住民重點學校，也是臺東推廣棒球教育很重要的學校之一。學校建在半山腰，屬於原住民山地保留區，師生六十多人，多數為布農族人。在校長李紹平及黃瑞敏主任的支持下，我們成立了靜思閱讀書軒，讓學校師生可以在此閱讀、交流與分享。

肯努力就會看見希望

這個山上的小學校目前全校只有三個班、五十五位學生、十二位教職員。不怕學校小、不怕學生少，也不怕山路遙遠、城鄉差距，只要肯努力，一定會看見希望。但願全校五十五位學生與十二位師長安住身心，每個小選手都繼續圓棒球夢。

去年四月去桃園國中分享書的時候，閱讀書軒還沒有成立，校長、老師讓學生在建築工地發揮創意，用靜思語彩繪圍籬，畫得很棒！這次再來，已經建設成很好的環境，可以好好讀書，培養藝術與運動才華。

成立靜思閱讀書軒半年後，我們再度回到校園。除了回來看看大家，我們也安排了靜思講堂，張志龍大哥分享《繁星巨浪》，帶著大家感受藝術之美。感恩張大哥支持我們推動靜思閱讀書軒的成立。他的支持很純粹，沒有任何要求，全然信任。還撥出寶貴的時間，參與陪伴我們到校園送書及啟用。

當時我們手邊的清單有二十多間校園要設立，他說認養任何一間都可以。後來我們建議他認養桃源國中，學校雖然位在較偏遠的地方，但這裡有一群很有理想的師生。

記得之前同事布置後傳了照片過來，我們發現，除了「年年三好三願」的主題牆，還有另一面牆，有點空。因此跟張大哥要了幾張《擁抱絲路》的照片，洗出來掛在牆上，形成一幅人文景

象，從每一張照片中分享夢想與實踐，分享人文與希望。

在校園成立靜思閱讀書軒，是我小小的心願。我希望在慈濟曾經援建的九二一希望工程或減災希望工程的校園或偏鄉學校，能夠有一個空間，讓孩子們可以閱讀好書、可以靜思，找到未來的方向。當很多校園願意響應的同時，也感恩許多人願意支持。也許就如張大哥常說的：「如果你的理想夠純粹，整個宇宙都會來幫你。」

感恩李校長、黃主任、還有所有師長的照顧，讓我們在世外桃源欣賞藝術之美，聆聽大地的聲音，感受人跟人之間的溫度。

臺東知本國小——分享好書分享愛

溫馨的禮堂中，臺東知本國小全校師生齊聚。我們送給每位同學一本《靜思語》，跟老師分享一套《靜思語》。

賴精一師兄及黃莉芳師姊分享了《靜思語》的運用，也鼓勵孩子踴躍分享自己翻到的句子。一位小朋友上臺分享一句他喜歡的靜思語：「事不論大小，只要用心去做，都會得到尊敬與敬愛。」

分享靜思的書及人文

知本國小的孩子很有善念，只要看到環保車，都會停下腳步一起幫忙分類回收。校長溫

文龍分享，他深深覺得緣分的可貴；哪怕只是一句好話、一本好書，在緣分的驅使下，都足以影響一個人的一輩子。他從一九九四年與《靜思語》結緣到現在，雖然經歷了二十七年多的時間，仍有好多句子對他產生極大的影響力。

他說自己師專聯考連續考了兩年，比別人多考了一次，所以覺得自己不是個聰明的人。但是自從與《靜思語》結緣後，他發現《靜思語》具有身心靈全方面的功用，而不只有階段性的功能，讀過就會拋棄或忘記。當年手抄的筆記，即使已經泛黃，對他依然具有潛移默化的效力，他還讓我們看他多年來珍藏的靜思語句。

一九九四年之後，他多次參加教師組作文競賽得獎。他仔細分析，善用《靜思語》開場和結尾，在文章的撰寫上很容易達到起承轉合的巧妙。就像我們講話有抑揚頓挫，在關鍵處吸引目光，與聽眾讀者產生共鳴。只要靈活運用《靜思語》，不必擔心詞不達意、窒礙不通的窘境。因為《靜思語》涵括的內容極為豐富，很快就能連結想要表達的內容。

那些年，他拿《靜思語》當做指導學生的寫作教材，從新北的三重到臺東的池上，甚至離島的蘭嶼，不管在哪一所學校，拿《靜思語》來當文章或演說的起頭跟結尾，都非常實用。甚至後來參加主任、校長的考試，也很實用。可能是評審在閱

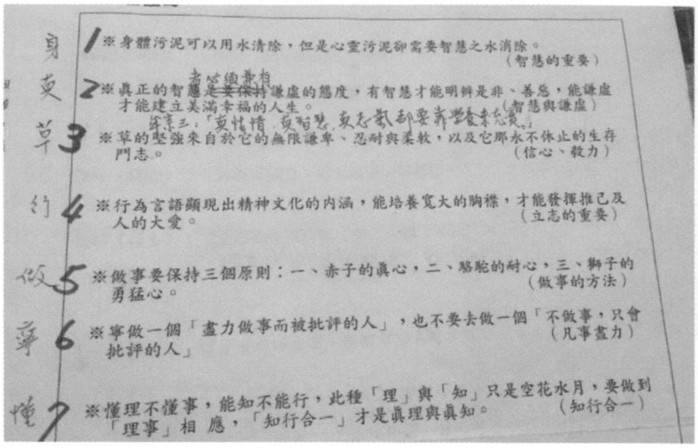

讀大量的教育試卷後，突然讀到開場結尾的《靜思語》答卷，起了耳目一新、柳暗花明的靜思效果，就給了這份答卷高分。

溫校長把上人的《靜思語》做了分類和整理，分成教育、修養、持家等不同類別，好比一張書桌有好多個抽屜，在最有需要的時刻可以火速搬出來用。就算寫文章寫到詞窮，只要把上人在《靜思語》的意境鋪陳一番，就是一篇很完美的文章，或是很精彩的演說內容了。

知本國小有一位主任張志雲，投入教育三十多年，也是原住民，是一位非常好的老師。他從成立閱讀書軒開始，便固定導讀上人說故事的漫畫書籍及其他繪本，還會傳照片跟我們分享孩子的感觸。每次收到照片，我都很開心。

這次我們也帶了小禮物與同學分享。小朋友說淨斯穀糧好好吃，我們告訴小朋友，這不只好吃、還很營養，賑災時，吃一包就可以即時讓肚子暖暖。這裡有好幾位老師都在

學校任教二十多年，用心陪伴孩子們的成長，培育未來的種子，非常令人敬佩。

提醒自己，永保真誠與赤子之心

知本國小一小時的活動結束後，小朋友都回班上了，突然有一群孩子跑回來抱住我，當下很感動。

這一、兩個月走訪了不少校園，有的在南投、屏東，有的在臺東、花蓮，每到一個學校，都有許多溫暖與感觸。學校都說「謝謝你們來送書」，但其實我更深的感觸是，將大家的祝福送到老師及孩子手上，是分享愛，更是感受愛。

看到孩子們的純真可愛，也讓我提醒自己，永遠要保有這份真誠，因為他們的感受很直接、很真！人跟人之間，應該有更多的溫度、更多的情感、更多的微笑，期許自己更努力做到。

足跡・心路

公東高工——散播愛，引導大家一起行動

在臺東，有一所揚名國際的技職學校，它是臺灣優質木工的搖籃，也是臺灣家具產業的重要支柱——公東高工。

早期臺灣社會貧窮，有一群來自瑞士的天主教傳教士，默默救助社會底層的民眾，除了照顧他們的健康，孩提供教育的機會。在當時的社會環境下，辦學是件非常困難的事，尤其要在民國五〇年代的臺東辦一所職業學校，更是難上加難。但，他們做到了。經過半個世紀，臺東公東高工培養了無數的優秀人才。

在一場頒獎典禮中，我旁邊恰巧坐了兩位臺東的校長：當時賓茂國中的洪文振校長，以及公東高工的藍振芳校長。

我跟他們分享自己近期到臺灣各個鄉鎮（其中也去了臺東好幾趟）校園，分享書、分享愛的經驗，校長也很熱情的邀請我們去公東。一月十二日早晨，我們在朝

會跟全校師生分享《靜思語》、分享為愛而研發的淨斯摺疊福慧床及桌椅。

藍校長特別帶我們參觀有五十七年歷史的「公東的教堂」。「臺東縣公東高工聖堂大樓是臺灣戰後重要的現代建築，獲選參與『世界重要現代建築』票選，」校長說，這是世界建築文物保存基金會首度聚焦現代建築，公東教堂是臺灣唯一入選作品。

社會需要更多的善念匯聚

某個週四，我們再度來到這裡。藍校長述說自己跟慈濟的緣分，以及社會需要更多的善念匯聚，更親自跟大家分享我們帶去的小小禮物。他說：「你們看，原本是紙筒，當紙筒加了一點設計，中間挖個洞，就變成可以投錢的存錢筒。」藍校長是充滿創意及活力的教育家，他的眼睛總是閃閃發亮，透過各種方式鼓舞學生。

我們也跟大家分享，這個存錢筒可以用來自己存錢，也可以存錢幫助別人。除此之外，打開裡面還裝了五小包的淨斯穀糧。小小一包，兩包等於一碗飯呢！存錢筒有三種顏色、三句不同的靜思語，送給同學時，讓他們自己挑顏色。我以為男生都會挑藍色，結果發現好多男生都挑了粉紅色。

氣質很好、教室內設計的謝甄芸老師跟我分享：「那天下午學生告訴我，他要把存錢筒存滿送給媽媽，讓我很感動。真的謝謝你們讓愛散播出去。愛其實也需要被引發，但很多孩子不懂。行動表現真的要有人引導、散發。」

很喜歡公東，更喜歡這裡的師長及同學。他們總是散發出一份活力與熱忱，親切又溫暖。人與人之間需要許多像這樣的愛與關懷、溫暖與祝福，讓社會更美好。

臺東建和國小
——多閱讀，開拓自己的視野

建和國小位於臺東市，老師跟我們分享，這裡的社區家長多以務農為業，種植茗葉、釋迦等作物，其他則以服務業或是打零工為主。學生約一百十一人，大部分是原住民。隔代教養、單親家庭、新住民及中低收入學生約占全校九〇%，弱勢學生比率達九四%。

原本這裡校舍老舊，經建築師耐震測試，達到應拆除標準。後來慈濟認養重建，去年完工，打造十八間全新的教室，讓孩子們在安全的環境下安心學習。有了硬體，我們更希望透過好書，在孩子心中種下美善種子。我們舉辦了靜思閱讀書軒啟用活動，全校師生聚集一堂。學生非常可愛，他們的笑聲、反應，給了我們很多鼓勵。

有心就有福，有願就有力

老爺集團執行長沈方正，特地將當天原本要開的董事會改期，帶著知本老爺的

劉總經理及多位幹部前來參加，給予大家鼓勵。他說，他在老爺服務的第一個飯店就是知本、也住在這附近，這裡對他來說很熟悉。他鼓勵同學多多閱讀，開拓自己的視野，後來並以一句掛在牆上的靜思語「有心就有福，有願就有力」鼓勵大家好好思考、多到靜思閱讀書軒閱讀。

賴精一師兄跟大家分享菩提鐘鼓時說，菩提鐘鼓由二十四片葉子組成，代表二十四小時、二十四節氣，更是二十四孝。他問大家：「你們知道二十四孝是什麼嗎？」有同學馬上回答：「鼠牛虎兔龍蛇馬羊……」好可愛！全場都開心的笑了。其實他也沒有錯：十二生「肖」乘以二，等於兩隻鼠、兩隻牛、兩隻虎……加總起來等於二十四「肖」！

當天充滿笑聲，大家共享開心的時光。如果天天都可以如此開心，像這群孩子一樣，無憂無慮、清淨純真，該有多好！

臺東豐田國中——讀好書，讓生命有美好的方向

第一次到臺東豐田國中，是因為全臺灣第七間靜思閱讀書軒在光明國小設立，也是第一次進駐臺東的校園。當時一同參與光明國小啟用的林彩盆校長很熱情，希望我們可以繞到豐田國中看看，一起來找適合的地點，成立靜思閱讀書軒。

經過一年，第五十一間靜思閱讀書軒在豐田國中成立，圓滿了她的心願。因為校長心心念念都是為了年輕學子能夠讀到好書，讓生命有美好的方向。

這天特別讓人感動，聽著十二、三歲的原住民同學，身穿漂亮正式的傳統服裝，用天籟般的歌聲祝福著，是如此美好。校長在她的臉書寫了一段文：

「看著教室裡『年年三好三願』的匾額，心中

滿是感動！上人說的『有願就有力』，在校園時間這麼久，快四十年了，但凡起心動念是為了讓孩子有更好的學習環境，最後總能達成。這是『願』，更是『力』啊！

當孩子用母語唱著美麗的傳統歌謠來感恩這一切時，深受感動，好美好美！而看著孩子翻著書，興味盎然的閱讀，更覺得一切的努力都值得了。孩子們，記得牆上的六個大字『年年三好三願』：口說好話，身行好事，心發好願，願願力行。

當然，更不要忘了，每天抽一點時間，找一本書，靜靜地坐下來翻閱。讓美好的文字和你的內心對話、讓自己不斷成長。

謝謝可愛又很有願力的青兒妹妹；謝謝我不認識您、您卻贊助這個企劃案的善心人士；謝謝上人的引領慈濟大愛；謝謝豐田國中團隊的全力以赴；謝謝鐵頭會長與進欽、秀金、金祝、克銘校長、學區國小主任、老師蒞臨指導；謝謝同學滿充們熱情與愛的歌聲；謝謝這一切……」

臺東池上國中
——沒有圍牆邊界，培育孩子不同視野

池上國中好大！這個校園沒有圍牆、沒有邊界，只有寬廣的天地，開闊的視野，非常的寬闊。

當時的池上國中校長王淑冠，之前在臺東另外一座校園看到靜思閱讀書軒，主動提出希望可以有機會在池上國中成立。她本來一直找不到對口，因為堅持不放棄，最後大家還是聯繫上了。王校長非常用心的找到適合的空間，也做了整理及一些工程。她說「要做就要把它做好」，最後，牆壁還有一點壁癌，也交由臺東慈濟志工們承擔。

從接觸到成立，大約花了一年的時間，池

上國中的靜思閱讀書軒終於啟用了。學校的主任及老師都很好，也許，在這十公頃寬闊的校園與大自然薰陶下，無論是老師或孩子，都培育出不一樣的胸懷及寬闊的視野。

在池上，感覺天空好近，雲層就在你身邊。站在每一棵大樹下，感受大地之美，傾聽大自然的聲音，感恩大地萬物所賜的一切。利用一點時間走訪伯朗大道，感受大自然的靜謐與美好。感恩讓我有一點時間短暫放空，看看大山、大樹、藍天白雲。寬闊的天地，心寬天地寬。

相隔一年後，再度回到臺東池

上國中。一群才華洋溢的同學們，在這大自然孕育的土地上成長，充滿生命力，更多了一份自在。

蘇意媛校長今年剛到學校承擔重責，她非常貼心，準備了早餐給大家，還用我們去年啟用時的照片製作一份禮物，放在馬克杯上送給我們，倍感溫暖。學校的詹永名主任很像主持人黃子佼，他讓學生閱讀《靜思語》並自由舉手分享。《靜思語》淺顯易懂，大家都可以分享自己的心得，而主任融會貫通將整場帶動得很棒。

一早聽到美麗的音符，心情特別放鬆。歡喜來到池上國中，期待下次再見！

臺東大王國小
——在閱讀中找到遨翔的大海藍天

位於臺東太麻里的大王國小已有一百十七年的歷史。當時的校長高進欽參加豐田國中的靜思閱讀書軒啟用時，表達很希望大王國小也可以成立，讓這裡的孩子可以讀好書、說好話，種下良善的種子。校長相當積極主動，很快的，我們就來了。

感恩同事、當地志工與學校先前的場勘布置。布置之後，學校已經開始使用空間，讓各個班級進來閱讀。蔡美娟主任用美妙的歌聲迎接我們；她曾經參加歌唱比賽，歌聲非常好（她說可惜輸給歌后張惠妹）。

大王國小從校長、主任到家長會長都非常有心，很關心孩子的未來。蔡會長跟我說，他的父親叫蔡青山，跟我只差一個字。我說，菲律賓慈濟副執行長也叫蔡青山，下次可以讓兩位相見歡。

離開前他們指著一棵大樹告訴我，這是學校的百年

茄苳樹，目前也是縣府列管。會長的爸爸、爺爺甚至孩子，都受到這棵人樹的庇蔭，從這個學校得到教育。他很感恩靜思閱讀書軒的成立，也在臉書上分享：

「感謝慈濟在冬末年終送給大王的孩子一個嶄新的閱讀空間，並期待未來的日子，孩子能在浩瀚的書海中，尋找到那片任你遨遊飛翔的大海藍天。感謝大家為孩子所做的這一切！」

很喜歡這裡的一切，美麗的人兒，深刻美好的經驗，臺灣最美的風景真的是人。

臺東三民國小
——透過閱讀讓孩子有自信、找到方向

二〇一八年十月，我在臉書收到一個陌生的訊息，來自鄭玉芳，是臺東縣成功鎮三民國小的顧問。她說很羨慕臺東豐田國中擁有靜思閱讀書軒，「千萬個拜託您，幫助三民國小的圖書館也成立靜思閱讀書軒。」她接著說，三民國小本校加分校共有九十六位孩子，幾乎都是阿美族，單親和隔代教養占六七．七%，令人心疼。

我感恩她那麼用心為孩子著想，並告訴她，如有需要，若我們幫得上忙，一定很樂意成就，也跟她說尊重學校的意願。隔兩天，我們到池上國中啟用靜思閱讀書軒，她跟三民國小校長鍾敏華一起前來參加。兩個多月後，三民國小的靜思閱讀書軒啟用了。

愛，讓人不孤單

啟用當天，一群原住民孩子用歌聲溫暖大家的心。鍾敏華校長邊說著孩子的處境邊哽咽。校長說：「有些家庭阿公阿嬤上山工作，小孩回到家，面對的就是電視、冷飯。有孩子告訴我，他寧願多待在學校一分鐘，也不要回到空空蕩蕩的家。」

校長希望透過閱讀，讓孩子更有自信、找到生命的方向，藉由靜思閱讀書軒的成立搭起橋梁。校長講了很多個案，我聽了心裡也很不捨。結束後，我告訴校長，學校如有需要照顧的個案，可以報給慈濟，我們很願意一起來關心。

我告訴孩子，他們不孤單，因為有很多的愛，包括來自師長、像父母一樣呵護著孩子的愛，讓人很感動。我們來這裡一無所求，只希望給予愛跟關心。更重要的是，孩子們都很純樸善良，在愛的陪伴下，他們心中也會充滿愛。只要肯努力，相信未來的路會很亮麗！

靜思閱讀書軒在三民國小成立的這天，因為是耶誕節，我印

象特別深刻。相信對於大部分是基督教徒的他們而言，也是個特別的日子。

回訪三民國小時，我們驚訝的發現，才兩個多月，孩子們竟然可以自願導讀好書，介紹並導覽靜思閱讀書軒的空間給大家。聽了他們的導讀分享，非常開心。真正看到希望在綻放！這裡依舊是美麗的歌聲迎接我們。我們帶了巧克力，以及靜思精舍師父做的五穀粉，孩子們很有創意，自導自演靜思語小劇場，並分享靜思語：「生氣是短暫的發瘋」、「心美看什麼都美」等。

大愛電視同仁孫沛芬告訴我，來採訪大愛全紀錄「書心的力量」時知道，這裡有一位老師全心投入教育，住校照顧需要照顧的孩子，他也因為這樣而交不到女朋友！感恩鍾敏華校長及所有師長用心陪伴孩子，看到孩子們快樂的微笑，真美！

足跡．心路

帶著愛，展翅高飛

兩年多前，在臺東成功鎮三民國小及三仙國小成立靜思閱讀書軒，之後每年都會回來，聽聽孩子分享，帶新書、還有巧克力及許多人滿滿的愛跟祝福來。

每年也剛好都是耶誕節前夕來。三民國小鍾校長說，可愛的同學想為我們唱唱歌，跳舞給我們看。那是有如天籟般的美聲與活潑的舞蹈。當他們唱著：

「孩子！

送給你這對翅膀，學習飛翔越過最高山，

送給你這對眼睛，學看世上的美事……」

聽到這裡，我們忍不住流下感動的淚水。這幾句，其實也是我們希望帶來給他們的。每一間靜思閱讀書軒都不只是空間，而是希望在他們展翅高飛、愈飛愈高的時候，都是帶著飽滿的愛跟善念。帶著飽滿的愛，一步一步往前。

臺東三仙國小
——眾人齊心打造的閱讀桃花源

到臺東成功鎮三仙國小時，學校做了一部影片，現場播出時，很多人都忍不住擦眼淚。影片前面寫著：「你覺得五十四天可以發生什麼事情？五十四天讓三仙國小產生奇妙的變化。請聽我說發生在今年一月十三日到三月七日的一個美好故事……」

有一天，我收到三仙國小邵雅倩校長的一封信：

「第一次接觸到靜思閱讀書軒優雅寧靜及其背後感人的深義。在偏鄉獲贈圖書的機會很多，但把贈書和養心融合，將般般善意如此完整具體奉獻的，只見靜思書軒。除了感動更是感恩。

冒昧發訊息給您，實在是期盼能幫幫三仙國小。如果可以，也讓三仙國小有間小小的靜思閱讀書軒，讓三仙的孩子們與這些健身美心的品格好書進一步接觸。我會透過課程連結，讓孩子們

沉浸在這些好書中；讓三仙的孩子課餘走入這靜樸的空間，安靜的學習和談心，而不是只知拿球滿場跑、定不下來。

三仙國小臨近三仙臺，全校學生六十三位，弱勢的孩子很多。我和同仁將一個約十五坪大的教室清理乾淨。如果能得到營運長的協助，是孩子們的福氣。」

收到信時，我跟校長說，有需要，我們一定想辦法成就。幾次訊息來回，校長非常積極，帶著學校師生很快將空間清理準備好。五十四天後，靜思閱讀書軒在臺東三仙國小啟用。

愛的接力，缺一不可

一踏進這個校園，每一個環節——從校長到老師——都非常真誠，家長會長、里長也非常可愛。孩子們的歌聲純淨，有如天籟。大家齊心打造一間心靈的桃花源，這個閱讀桃花源就在三仙國小。

來到三仙國小總是讓人很窩心，處處感受到邵雅倩校長的用

心。她規劃了許多靜思閱讀的計畫，令人讚歎。離開後，校長傳來訊息：「謝謝各位特地來看我們，還帶來豐富的好書。謝謝您和我們分享寬恕的感人故事，謝謝您贈與誠和信的嘉言。這些好德性是我們一生的功課，受用無比。隨時歡迎各位蒞校指導，春風一般的各位，為寒風中的三仙帶來陣陣溫暖。」

成功鎮目前有三間靜思閱讀書軒，三位校長一同參加啟用典禮。他們說這是愛的接力。這天很冷，風也很大，心卻非常溫暖，深深被感動。另一所也位於成功鎮的新港國中由羅綸有先生認養、護持，啟用當天他不在臺灣、無法前來，卻也透過影片送上祝福。校長鄭瑞銀則說，他從未見過上人，卻一直想將上人的精神落實在自己身上，還常常跟學生分享「慈悲喜捨、誠正信實」。

真誠的愛，溫暖著彼此。這是一場愛的接力，這場接力賽每個人都很重要，缺一不可。

臺東關山國中
——好山好水的美麗與哀愁

關山國中，位於臺東縣關山鎮里壠里，背倚里壠山，前俯新武呂溪，景色秀麗，校園很美。這裡也是慈濟在臺東援建的減災希望工程之一。

當時的池上國中校長（現為賓茂國中校長）王淑冠，特地來參加靜思閱讀書軒的啟用。我們跟王校長說，因為她在LINE群組問關山國中校長吳宏龍「當天有沒有湯圓可以吃」，貼心的臺東慈濟志工特別用靜思書軒的黑糙米粉、五穀粉、紅豆粉、薑黃粉等，做了健康的湯圓給大家吃。吃湯圓，大家樂團圓。

離開關山國中後，我們前往關山慈濟醫院。純淨天然的花東縱谷，孕育出遠近馳名的池上米、關山米，這是老農劬勞終生所付出的成果。美景當前，卻掩不住淡淡愁緒，好山好水留不住人口大量外移；佇立在臺九線中段的關山慈濟醫院，也總難覓得醫師長期留守照顧民眾。關山慈院前後四十公里並無醫院，醫療責任重大，負荷也超乎想像。但百位員工多年來堅守崗位，在現實的哀愁下，書寫美麗的一頁。

多年以前，花東地區交通阻隔，醫療資源缺乏，醫療人力及資源均集中於都會市區，偏遠地區病患就醫不便，關山鎮居民若要就醫，必須往北或往南奔波。上人不忍蒼生苦痛，決定承接尚未啟用的博愛醫院，並整合花蓮慈院各醫護行政及志工等人力資源，於二〇〇〇年三月十五日在關山慈濟醫院提供醫療服務，落實「人本醫療，尊重生命」精神，串起花蓮與臺東之間的醫療，共同守護生命、守護健康、守護愛。

王淑冠校長從關山國中一路陪我們前來，她希望以後可以帶學生來醫院當志工，讓年輕人有機會學習關懷別人。

足跡．心路

溫馨接送情——為別人服務比被人服務有福

二〇一七年開始往返臺東，感恩當地的志工陪伴及照顧，不管是到校園協助布置，或在慈濟的聯絡處準備好吃的午餐。其中有一位范德漳師兄，他話不多，都默默陪伴，開車接送我們。

有一天他來機場接我們，開著他剛去牽來的新車，前面紅色的綵球還在。很榮幸我們是第一批乘客。問他為什麼要換車？他說以前的車有點老舊，因為當志工要載許多人，所以換了車。他平時生活簡單節儉，但為了服務別人而換新車。有一次我們要去綠島。得知他去花蓮慈濟醫院當五天的志工，所以無法來接我們。但那天抵達機場時，還是他來接。看到他很開心，他說因為感冒，所以當了醫院志工兩天就回來了。

有一次在臺東時，利用一點時間跟當地幾位校園窗口溫馨座談，彼此鼓勵。結束後，他就在群組上分享心得：「其實看到靜思閱讀書軒一間一間的成立，末學的內心非常喜悅，也感觸良多。末學書讀得少，心中總是有遺憾，在慈濟也很資淺，末學很用心學習但表達能力不足。就是這樣用心在薰法香和找時間閱讀，雖然工作多，但在花甲之齡能讀書，心中的感恩和喜悅是文字無法敘述和表達的！末學無法傳達人人要去珍惜這樣的因緣，只能充實自己並祝福人人要多用心，末學德漳感恩合十。」《靜思語》有一句話：「能為別人服務，比被人服務有福。」在他身上可以感受到。

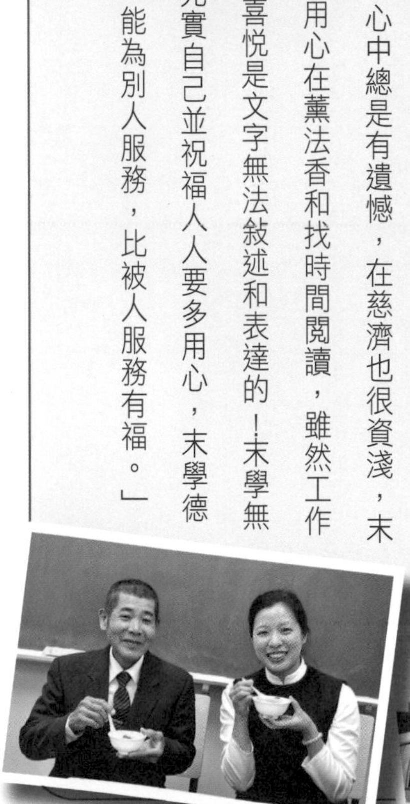

臺東豐榮國小
——自由自在發揮與生俱來的天分

原住民孩子在歌唱藝術上特別有天分，居住在花東地區的孩子好像也是。也許是因為大自然的薰陶，在這自由自在的天地，讓他們可以發揮與生俱來的天分。

臺東校園裡的靜思閱讀書軒，一共有十七間。去過無數次臺東，都是因為靜思閱讀書軒。這天也是搭一早的飛機前往豐榮國小。毛慧莉校長說，看到好多人願意關心這群孩子，非常感動。孩子們以歌唱和舞蹈，展現他們的感恩。

臺東慈濟志工教聯會老師帶著孩子認識靜思語：「說好話如口吐蓮花，說壞話如口吐毒蛇。」忙碌的榮成紙業董事長鄭瑛彬，除了支持這間閱讀書軒的成立，也特別撥出寶貴的時間參與，陪伴大家。

臺東的慈濟志工單純可愛，所有閱讀書軒的布

置、包括啟用，都有很多人一起參與。他們平常除了做慈善訪視關懷，也做社區環保，早上還有老人家的樂齡學堂活動。他們默默付出、快樂陪伴，讓我們每次到臺東都特別開心。真的感恩有大家！

花蓮慈院小兒科醫師張雲傑，也特地從花蓮搭火車來參與這場活動，幫忙介紹兒科團隊所編的兒童繪畫書籍。下午又到我們另外一間有靜思閱讀書軒的豐田國中，為國中生分享青少年該知道的事。

特別從臺北來的陸光朝師兄，他是臺北慈濟志工，家鄉在臺東，是卑南族人。這兩天他除了看家人，更一起陪伴我們到校園，帶著電子吉他自彈自唱。當他唱起《幸福的臉》，小朋友都跟著一起唱。

但願人人天天都沒有煩惱，都可以有幸福快樂的臉。

臺東卑南國中
——讓一本書、一句話，成為心靈的依靠

「愛，如夜空明星，為惶恐不安的人指引方向、安定身心。」那天在臺東卑南國中，與孩子們分享了這句靜思語。而閱讀書軒的成立，也成為撫慰人心的力量。

因普悠瑪事件而舉校哀痛的臺東卑南國中，師生們透過回歸日常活動，團體諮商以及閱讀書籍，漸漸走出事件之後傷痛的陰霾。慈濟人的膚慰與陪伴，和師生們結下好緣，進而促成閱讀書軒在校園成立。其中，許多身心靈的書籍，成了輔助老師和孩子們跨越悲傷的助力。校長說，靜思閱讀書軒可以讓學生有地方沉澱自己的心情，藉由書本的撫慰，心理一定會更強健。

棒球隊的李振綸說，他經過這裡時，常常會隨手拿本書來看。對他來說，這個場域是正規課堂學習之外的放鬆，也是沉澱。大愛電視採訪時問他：「你比較喜歡

看哪一類的書？」他不假思索的回答：「《靜思語》啊！還有一些控制情緒的書。以前情緒很不好，打輸比賽就很氣餒，很想放棄。來這裡看過幾本書後，比較容易調整情緒，發揮打擊力、守備穩定，就可以拿冠軍。」

志工的陪伴與膚慰，帶來更多好緣

其實二〇一八年十月之後，卑南國中棒球隊沉寂了好一段時間。因為當時普悠瑪列車發生翻覆的意外，卑南國中赴韓國交流團的二十五人當中，有五位師生和一名導遊不幸罹難。事件發生後，整個校園籠罩在一片揮之不去的悲戚陰霾中。

棒球隊裡有當時就在火車上的孩子，如今儘管身體的傷疤逐漸痊癒，心靈卻需更多時間

慢慢修復。如此重大的事件，對全校師生是莫大衝擊，無論大人、小孩，都需要學習從事件中重新站起來。而棒球隊也藉著重拾球棒，揮去傷痛過往。

慈濟和卑南國中密切結緣，也是從普悠瑪事件之後開始，臺東慈濟志工的陪伴與膚慰，帶來後續更多的好緣。

書，是修補心靈的最佳助力

當時人也在火車上的校長游數珠，事件過後不僅要忙著安撫師生，自己的心靈也很需要借助更多的力量復原，閱讀是她重整自己身心的方式。她得知臺東其他學校有靜思閱讀書軒的進駐，也馬上決定騰出校長室旁的半開放空間，改造成溫馨的書香園地。

校長說：「這裡本來是一塊空地，學生很容易在這邊追逐。我覺得，如果是靜思閱讀書軒，應該能夠讓學生沉靜下來。尤其是普悠瑪事件後，我相信很多孩子心理多少需要復健，所以我們申請了靜思閱讀書軒，讓學生有地方把自己的心情沉澱下來，再藉由書本的撫慰，心情一定會慢慢變好，心理也會更強健。」

親身經歷普悠瑪事件的校長，她的內心也有一大塊在那場意外中破碎了。有些感受，就算過了幾個月、幾年，那樣的痛恐怕都不會消失，而書，就是她修補心靈的最佳助力。

校長也分享：「普悠瑪事情發生之後，其實大家的心情都大受影響。有一個九年級的同學介紹我看《化為千風》這本書。看完真的很感動，而且撫慰了我的心靈。書裡的主角當她想念（辭世的）爸爸時，就用心去感受風的存在，風撫慰著她，孩子可以從這裡得到心靈的昇華。我覺得藉由這本書，自己的心靈也昇華了，我也把這本書分享給大家。」

互相陪伴，度過無常

微風徐徐吹來，啟用那天，我聽到一位同學哼著歌，我請她大聲唱出來。後來，大家一起唱著：「烏啊烏嗨央，烏啊烏啊伊耶央，烏啊烏嗨央，那哇啦花的孩子啊，讓微風輕撫你的髮，別再害怕，安心地睡吧，烏啊烏嗨央。」

別再害怕，這裡的書籍蘊含來自很多人的愛，書裡的每一句話，都可以帶給你力量跟陪伴。深深祝福每一位卑南國中的師生。

生命有許多無常，師生一起手牽手度過，並跨步邁向亮麗人生。我們在這裡設置靜思閱讀書軒，希望一本書、一句話，可以陪伴他們，讓心靈有依靠，大家隨時可以在這裡與心靈對話。

足跡・心路

書櫃訴說的環保理念與再生力量

你能想像這些櫃子都是用廢棄的塑膠做的嗎？

靜思閱讀書軒也使用了這些原本要廢棄的塑膠Polystyrene（聚苯乙烯）做成書櫃。完全看不出是廢棄的塑膠，師生都很驚訝。讓書櫃也訴說環保的理念、再生的力量，與地球共生息。愛地球從你我周遭開始做起。

臺東海端國中
——帶動山上的閱讀及人文風氣

海端國中的學生大部分是布農族，聲音中氣十足。我們一到，他們就清唱《拍手歌》、《報戰功》、《歡樂歌》，還帶所有人一起跳舞，大家一起開心迎接這間位於臺東南橫公路山上、全臺灣第一百五十間靜思閱讀書軒啟用。

海端鄉是布農族的家鄉，海端國中靠山不靠海，來到臺東海端，是一種生命的學習。每個人都要學習及探索自己的生命，如果無法跨過去，那就閱讀；因為唯有閱讀，可以開啟另一扇窗。

企業家誼遠控股董事長陳致遠、也是全臺第一間靜思閱讀書軒的認養人，這天百忙中特別來到海端國中參與，並與學生親切互動，鼓勵孩子多閱讀。在讀書的過程裡，《靜思語》讓學生們有感而發。有學生說，假如我們把愛傳播出去，自己的心情也會很好、很快樂。靜思閱讀書軒

很安靜，來到這裡能讓自己心靜下來，就可能讀完自己想讀的書，要考試的那些課內書，也很適合來這裡讀。

海端國中校長吳炳男從事教育多年，很誠摯的跟大家說，自己一直有一個願望，希望退休前為學校成立一間靜思閱讀書軒。很感恩大家到全臺各地偏鄉地區，設立靜思閱讀書軒。

海端國中靜思閱讀書軒的啟用，打造全校師生共同享用的閱讀空間，期許能藉此傳遞一份溫暖、夢想、祝福，帶動山上的閱讀及人文風氣。

足跡．心路

美麗臺東，靜思閱讀書軒校園行

這次到臺東校園，山線、海線都去了。

第一天到山巒疊翠的海端鄉，位於臺東縣西北方，鄰近池上鄉的關山鎮，依傍著中央山脈，俯視花東縱谷。隔天到成功鎮，成功鎮有臺東縣最壯麗的海岸景觀，東臨太平洋，西傍秀麗的海岸山脈。

看到孩子們閱讀的喜悅、快樂的微笑，總是令人歡喜。每次去臺東，當地慈濟志工總是我們的最佳夥伴。從布置校園到啟用，他們默默付出。這群人平時做許多社會關懷，包括慈善訪視等等，也做環保回收分類。我都說，他們的手是「改變世界的一雙手」。

這三年在全臺灣各地鄉鎮，共有一百五十間校園成立了靜思閱讀書軒。其中，除了有挑選過的五百種好書、淨斯的福慧桌椅，每一個人文空間更是許多人共同用心布置完成的書香園地。很珍惜所有的時間、空間、人與人之間……

全臺第一百五十間靜思閱讀書軒在二〇二〇年的最後這個星期，於美麗臺東的海端國中啟用。感恩有許多人的支持與鼓勵：有人出錢、有人出力、有人給予祝福，也有許

多人在幕後默默付出。這份寬闊的心胸，飽滿的愛，給予我們往前走的動力。

第六章

飄洋過海，送祝福、感受愛

常常，學校師長都謝謝我們送書，
但我更深的感觸是，
除了將大家的祝福送到老師及孩子手上，
這更是分享愛、感受愛，
身體累，心不但不累，反而充滿喜悅。
因為總是有很多人一起攜手同行，一起努力，
是幸福、美滿、美好的時刻。

綠島公館國小
——因為愛，幸福得以延續

公館國小是綠島第一間、也是全臺灣第二十二間成立的靜思閱讀書軒。我們希望早一天成立，孩子可以早一天閱覽群書，豐厚生命，於是三月底之前就成立。

之前跟《經典》雜誌王志宏總編輯聊天，他知道我們在臺灣各個鄉鎮成立靜思閱讀書軒，特別建議我們到綠島。剛好不久後雜誌報導的封面就是「海洋精靈綠島豆丁海馬」，他也幫我找到電話及校園的聯繫方式。

第一次跟公館國小高志翔校長電話分享時，隔天他剛好要到臺東好幾間校園。他說他去了三間校園，很巧的是，這三間都有靜思閱讀書軒，尤其書軒裡面的福慧床及桌椅，他特別喜歡。我們透過LINE及空間照片的交流，在很短的時間內就決定前往綠島。

實現三十年前的夢想

很佩服公館國小校長高志翔，他三十年前、高中時和同學到綠島旅遊，由於同學的爸爸是公館國小的校工，在學校活動中心借宿。他當時就想：日後有機會一定

要來這裡工作。成為教師後曾經填志願來服務，因為太太懷孕，暫時擱置。直到現在成為這所學校的校長，終於實現三十年前的夢想。

這裡的孩子每個都笑得好開心，彷彿世界上的紛紛擾擾都與他們無關，快樂學習、享受這份純淨。今天我們也與大家分享靜思語，還有靜思書軒的五穀粉讓他們吃得健康。靜思語交流時，孩子們超級踴躍舉手分享！

敲響菩提鐘鼓，帶來祝福與鼓勵

我們也帶來了淨斯菩提鐘鼓，請高校長敲響菩提鐘，祝福人人都平安；菩提鼓，象徵「鼓」勵。菩提鐘、鼓裡面，有來自德國製造的機械鐘，每一小時敲響一次，中午十二點就十二次。在大家的期盼之下，所有人等著中午十二點，一起聽時鐘敲響十二次。孩子們好開心，還拍起手來，圓滿了當天的啟用。

回臺北大約一星期，有一天，公館國小的張淑卿老師傳給我們學生寫的心得分享，看了真的好感動。有一位小朋友寫著：「我到圖書室時，開心到彷彿在天上飛似的！看到了那麼多新書籍，那麼多新桌椅……」好可愛！我的心也快跟著小朋友可愛的文字飛起來了！

有時候，短短不到兩小時的見面，卻讓我好難忘、印象深刻。尤其孩子們快樂的笑聲是如此純真可愛、無憂無慮，光是聽到就好開心，彷彿圍繞校園的大山大海也都跟著他們歡天喜地。

常常聽到大家對我們說感恩；這份愛，我們都收到了。我們很幸福，因為好多好多人的愛，讓我們可以將眾人的愛，親自傳遞給可愛的大家。感恩所有支持的人，因為有你們，幸福得以延續。但願你我天天都可以跟他們一樣，如此快樂自在！

綠島國中
——眾緣合和，成就理想

綠島國中是綠島唯一的國中。楊明政校長說：「學校人數雖少，僅四十位，但我們重視每個孩子的品德教育。」每個孩子的名字、他們的家庭，校長都可以娓娓道來，非常難得，是非常有理想的教育家。

這裡的老師幾乎都住宿舍，只有一位是綠島人。有位同學行動不方便，老師及同學特別帶他上來。楊校長說，一定要讓每位學生都參加靜思閱讀書軒的啟用。

送給校長五穀粉的時候，他臉上露出的微笑令人印象深刻。教務主任也親自跟大家分享福慧床及桌椅的使用，主任還請同學躺在福慧床上示範。

離開校園時，感受到校長的依依不捨。他說這裡是離島，很謝謝大家願意來這裡。其實是我們感恩有這個機會，因為每一趟的校園旅程，都是如此的難能可貴；

每一次遇到的人、事、物，都是自己生命成長的體驗。

許多的眾緣合和、很多人的成就，幕後默默付出的工作人員、支持每間閱讀書軒經費的人；以及學校師長、同學的支持，許多的感恩，說也說不盡。這種種，都只希望學生可以因閱讀有收穫，哪怕只是一句話，也許可以受用一輩子。

足跡・心路

踏遍臺灣，看見土地與人的美

這幾年到臺灣很多鄉鎮，有一次從綠島回來時從臺東坐船到綠島，浪好大，去程頭暈吐了兩次，一直冒冷汗，很不舒服，很感恩同行的張志龍大哥、陳慮琳師姊體貼照顧。

一到綠島就要前往校園，但我整個人沒有什麼力氣，抵達校園都還在頭昏狀態。但是小朋友在戶外迎接著我們，站在綠油油的草原，寬闊的大地上，他們以氣

勢磅礡的鼓聲，應和著對面大海的洶湧波浪聲，加上坐在左右兩旁的小小孩們，以可愛純真的笑容迎接我們，心裡真有莫名的感動。

我來臺灣近二十年，很少到各地遊山玩水，通常都是因為靜思書軒設點、深耕當地，讓我認識了周遭。書軒大部分據點都在都會區，我也因此認識臺灣的都市。去年下半年，想到可以在校園、鄉鎮中，設置靜思閱讀書軒，沒有靜思書軒可以流通書籍，但是可以推廣閱讀，去接近孩子、接近心靈，深入人文，連結的是時間，是空間，也是人與人之間。

因此這段期間，是去臺灣各個鄉鎮最多的時刻，並非旅遊，而是分享好書、分享淨斯食糧，更是分享愛、感受愛。每到一個地點，雖然停留時間短暫，但總會欣賞周遭的環境，看看大地萬物所給予的美好。感受美、傾聽美的聲音。哪怕是滔滔海浪聲，還是清淨單純的山河大地，抑或是人與人之間的心聲，每一次、每一刻都很難忘，也總記得所有的美與所有的好。

我只能說，臺灣很美，但人生最美的風景，我相信依舊是人。感恩山河大地的浩瀚美好，而美麗的人，更讓山河大地增添生命力。因為有了善、有了愛，有了人與人之間的真與誠，才真正形成這一幅幅美麗的人生風景，這一篇篇值得留念的詩篇。

願與大家一起鋪寫美麗的畫，美好的詩篇。

蘭嶼朗島國小
——用閱讀，開啟生命的視窗

一份很特殊的因緣，來到美麗的島嶼——蘭嶼。

去綠島設立靜思閱讀書軒時，因為去程風浪太大，吐得很嚴重，整個人渾身無力，老實說真的被嚇到了。隔幾天，我出差到臺南，在高鐵上跟坐旁邊的志工說，我問同事之前聯繫的蘭嶼校園進度，如果對方意願不高，我們就不強求、可能考慮放棄。

講完之後，我用手機看臉書，有一位黃俊瑋在底下留言：「不知有無機緣到蘭嶼島設一間靜思閱讀書軒呢？」看到這個訊息我很驚訝，一番了解之後，原來黃俊瑋就是蘭嶼朗島國小的校長。

我回覆：「如有機會，我們很願意到蘭嶼設立。」他又寫：「我們是位於蘭嶼北邊的朗島國小，期待蘭嶼的第一所靜思閱讀書軒設在朗島。感恩。」我回覆：「我們一起來

努力。」隔了三個月後的六月初，靜思閱讀書軒在蘭嶼成立。時間、空間、人與人之間一切俱足。

分享好書、好話，更分享愛、分享溫暖

靜思閱讀書軒在蘭嶼的朗島國小成立，感恩黃校長的積極期待及用心成就。蘭嶼有五所學校，當天蘭嶼所有的學校校長都來參與啟用。校長們看到福慧摺疊桌椅，直說特別適合海島，不怕鹽害生鏽。

看到校長及主任、還有許多老師對孩子們的疼惜，就如同父母心愛孩子，感受滿滿的幸福。校長說，還好他跟綠島公館國小的高志翔校長是臉書好友，才知道有靜思閱讀書軒。他的母親是多年在高雄的環保志工，

難怪，他也在學校帶動孩子們做環保。

朗島國小很漂亮，有好山好水圍繞，就如同一幅美麗的畫，述說著美麗的島嶼，純樸善良的人們。晴空萬里，陽光照耀，這幅畫如此真實，如此的美好深刻。

可愛的蘭嶼孩子們，有著水汪汪的大眼睛，笑起來，什麼煩惱都沒有了。這天與一群可愛純真的孩子們分享好書、好話，更分享愛、分享溫暖。是分享，也是感受。就像蘭嶼的大海與天空一樣，多麼的清澈，多麼的美好！

感恩所有一起成就的人，包括在幕後默默參與及祝福的好多人。有遠從菲律賓的一群慈濟志工及企業家們支持這個空間的經費設立。有一群人負責書籍的挑選、準備櫃子桌椅、運輸等，還有一個月前提早前來布置的同事昶輝及世吉，他們平時在臺北靜思書軒服務，此次是利用休假時間前來。每個人都好重要！

菩提鐘鼓放置窗口，望出去是美麗的山與天空，這一切，是如此的美好幸福。

足跡・心路

心，是最遠、也最近的距離

從臺北到臺東，再從臺東坐兩個多小時的船來到蘭嶼。有人形容，蘭嶼，是一座隱祕的世外桃源，靜靜的徜徉在臺灣東南的太平洋海波裡。

蘭嶼的海，如此自然、清澈，處處可以看到走來走去的羊，自在安然，純樸單純的人們、可愛的孩子，與大自然共生息。這裡車子鑰匙不用拔掉，家裡的門也都不用鎖。在這個得天獨厚的小島，如此的簡單、自然。

這一趟路說遠不遠，說近不近。有時候，覺得距離好遙遠；但是，只要放心上，它一直都在；有時候，哪怕在身邊也覺得很遙遠。也許在這個世界上，心，就是最遠、也是最近的距離。蘭嶼也好、綠島也好，其實一點都不遠，因為這裡的好人、好事，會一直一直在我心中。

小琉球白沙國小
——享受碧海藍天下的閱讀與學習

兩年前跟王崎菁（Stephanie）參加鄭楊慶師兄的人文空間啟用，我們剛好坐隔壁。她當天聽我分享，希望能夠透過靜思閱讀書軒在校園的設立，讓更多孩子從小接觸好書、有美善的薰陶。她說很希望自己的故鄉小琉球也能夠有一間。我們勉勵彼此、一起努力成就，並相約啟用的那天要到小琉球。

她回到小琉球後，就一間一間找學校談。後來是白沙國小田永成校長聽說靜思閱讀書軒的事，主動找了也是慈濟委員的學校家長，轉達希望可以在他們的校園成立的意願。我跟崎菁說，這是她的心願，也是彼此的心願。兩年後，我們真的在這裡——第一間靜思閱讀書軒在小琉球的校園誕生了。

我是第一次來小琉球。得天獨厚的大自然環境，讓孩子們的心也跟海洋一樣寬闊，他們清脆的笑聲，至今讓人

難忘。

白沙國小田永成校長主動爭取，希望可以在學校成立一間靜思閱讀書軒。我們聽到了，所以我們把大家的愛帶來了。校長說，書軒裡面的書籍，對孩子的成長都很有幫助，希望小琉球的孩子都可以學得到。三個可愛的主持人都是小學生。口齒清晰、邏輯清楚，很令人讚歎。他們邊主持，校長邊為我介紹孩子們。他說其中一位小主持人前陣子父親過世，小小年紀父親就離開，一定很難過，我們大家都給他很多安慰。

後來田校長跟我分享，靜思閱讀書軒設立後，孩子都非常喜歡這個空間，他請大家到書軒挑選好書閱讀，讀完可以將心得寫在紙上，放入校長信箱。那位小主持人寫的是：「我很喜歡到靜思閱讀書軒看書，也會拿起桌上小本的《靜思語》讀。尤其當我想起爸爸的時候，拿它來讀一讀，就會感覺比較好。」聽了眼淚忍不住流下來，很不捨這個小女孩，也很感恩有很好的師長陪伴，而這也更堅定我們到各校園成立靜思閱讀書軒的心念。心念很簡單，別無他求，只希望讓孩子閱讀好書，讓生命可以找到依靠、找到方向。

那天，田永成校長帶我們看學校後方的中澳沙灘，他說因為得天獨厚的海洋資源與環境，有利於學校推展海洋教育，他們每週帶孩子去淨灘，再把撿回來的垃圾化為有用的藝術創作，提醒人人愛惜海洋。聽著校長敘述學生的點點滴滴，真切感受到他真心疼愛著孩子。教書三十多年依舊保持熱忱，令人敬佩。很感恩田校長主動希望能夠在小琉球成立靜思閱讀書軒，讓我們有機會來到這裡，認識如此單純可愛的孩子。希望我們隨著年紀的增長，一樣可以保有那份赤子之心，安心睡、快樂吃、歡喜笑、健康做。

這裡的小朋友好熱情，牽著我的手不放，帶我們下樓喝飲料。一位小朋友問我：「青兒姊姊，你可以來參加我們的畢業典禮嗎？」我問他幾年級，他說二年級，嗯，小朋友的童言童語，有時真令人哭笑不得。

集眾人的力量，全力以赴

其中，全「球」最高學府、島內唯一的國中——琉球國中蘇傳桔校長，在田校長的邀請下參加閱讀書軒啟用。他也是一位好校長，大學時曾立志回鄉當校長，學成

後回母校當老師、升主任，如今又以第一志願申請回鄉當校長。

蘇傳桔校長那天提到，是否可以在琉球國中也成立一間閱讀書軒？我跟他說沒問題，看到他們對孩子的教育如此用心，我們一定會集眾人的力量全力以赴，在孩子幼小的心靈種下美善的種子。

雖然待不到二十四小時，隔天中午就離開小琉球了，但是非常滿足。很愉快、難忘的一天，見到很好的教育家們，還有非常單純可愛的小朋友。感恩來自小琉球、屏東、高雄、臺北的志工共同陪伴。

足跡・心路

默默守護島嶼的身影

這次到小琉球讓我很感動的一件事，就是小琉球的慈濟志工們，尤其是陳壽山師兄。他說他曾經是鄉裡眾人皆知的「歹子」，因為母親早逝，父親又長年討海，少了父母的引導與疼愛，陳壽山走偏的人生路直到三十三歲才開始逐漸有了轉變。

那年他在太太開的美髮店裡，碰到遠嫁高雄的小琉球子女。這位資深委員受證後回鄉，介紹他認識慈濟，之後他便開始投入環保回收工作，全年無休，二十多年來在當地推動環保。

小琉球是觀光景點，垃圾量很大。而志工除了做資源回收、好好分類，還需仰賴船隻運送至屏東東港處理，很感動輪船公司無償協助載運。小琉球還有「琉行杯」，透過租借能夠重複使用的不鏽鋼環保杯，減少一次性紙杯與塑膠的使用量，非常特別。

那天在白沙國小靜思閱讀書軒啟用後，我跟當地志工說想去環保站看看。陳壽山師兄很開心的帶我們去，為我們介紹環保站，還有小小的琉球慈濟共修處。他跟我說，你們能來走走，我們很受鼓勵。其實我們沒做什麼，倒是很佩服看到他們所做的一切，尤其是沒有任何異味的環保站保持得好乾淨。

在白沙國小啟用典禮上，我也鼓勵學校帶孩子參觀環保站。田永成校長說沒有問題，明年一定讓全校師生到慈濟的環保站，感受、了解默默守護這個島嶼的環保志工們的用心。

感恩默默付出的所有環保志工，點滴守護我們的地球。有你們真好！

琉行杯
機動

馬祖高中——在無敵海景中閱讀好書

去一趟馬祖，很不容易。去程第一天，所有班次取消；第二天，飛機已經在跑道上準備起飛，卻因馬祖下起冰雹，再度取消。在機場等待五小時後，中午的航班終於順利帶我們抵達馬祖。

沒想到，馬祖往南竿的班機全滿，我們只好先到北竿停留幾小時，再坐約十二分鐘的船抵達南竿。住了一晚，還好來得及到馬祖高中，參與靜思閱讀書軒啟用，跟全校師生分享好書、分享愛。

在馬祖高中成立靜思閱讀書軒，是希望外島的孩子也有機會接觸靜思書軒的好書。這是馬祖的第一間、也是靜思閱讀書軒第一次在高中成立。

你一定知道馬祖，但只有親自來一趟，才會真正知道馬祖在哪裡，也才能真正看到馬祖的美。遼闊大海，

寧靜浩瀚，唯有滔滔海浪聲相伴。這大自然的禮物，真的要非常珍惜，感恩有這個機會來到此地。

馬祖高中校園的建築與大自然融合為一體，學校望出去就是大海，詩情畫意，真的很美！在這裡天天可以看海，時時可以傾聽海聲，陶冶性情，與大自然對話。當天下了細細小雨，特別的冷，校長帶著我們參觀。海風吹到我們身上，暖暖包都不夠用。雖然冷，但很舒服，走著走著更感受到馬祖的美麗。

時間與空間的阻隔

以前對馬祖的印象就是，當兵若抽到馬祖的籤，很容易發生「兵變」。當地人分享，以前書信往來不容易，寄信到馬祖，如果遇到交通有狀況，可能一個月才收得到。再加上交通因素，除了見不到人，還無法收到彼此的訊息，真的很煎熬。所以，能夠見面、能夠有網

路通訊，讓人與人之間更貼近，值得珍惜。

慈濟志工陳秀琇師姊長期在馬祖散播愛的種子，雖然當地只有一位慈濟委員，但有好多位優秀的志工，以及一起成就的臺北志工，支持這個地點的成立。感恩好幾位在臺北的同事擔任志工，來馬祖認養這裡的布置。他們早早坐船抵達，把空間都布置好了，讓當天的活動圓滿完成。陪伴我們一起來的賴精一師兄，因為全程負責一對菩提鐘鼓，上機下機、上船下船，將珍貴的禮物帶到馬祖高中與大家分享，非常辛苦。

到馬祖這一趟，很不容易。因為天候因素，飛機一直被取消，差一點無法成行，最後只停留不到二十四小時。雖是短暫停留，行程卻非常豐富，令人深刻難忘，不虛此行。

金門古寧國小、柏村國小
——走過砲火，用閱讀種下美與善的種子

金門古寧國小，也稱為「砲火中成長的學校」，創校於八二三砲戰時。現在，這裡也成立了全臺灣第四十一間靜思閱讀書軒。

看到了古寧國小的介紹：「學校創立於一九一三年，以李氏宗祠為校舍。一九三九年日軍攻占金門，教育一度癱瘓，時辦時停，至抗戰勝利始復校。一九四八年由菲律賓華僑捐資興建二層樓房一棟，翌年不幸毀於『古寧頭戰役』，大捷後只得借用民房上課。一九五三年改名為『古寧示範國民小學』，往後又遭受『九三砲戰』與『八二三砲戰』洗禮，校址曾多次遷徙、疏散再借祖祠復校。」

雖然校園在歷史中有砲火的記載，希望透過人文閱讀，透過人與人之間真心關懷，在心中種下善與愛的種子。古寧國小靜思閱讀書軒正式啟用，學校師長與慈濟志工都希望，生活在離島的小朋友，也能有豐富的閱讀資源，並培養好品德。靜思閱讀書軒到金門，讓學生們坐上福慧桌椅，也聆聽慈悲科技為何而發展。學生好喜歡這張床，因為它可以是床，也可以是椅子。

透過人文閱讀，讓未來充滿真、善、美

古寧國小校長黃芸芸開心迎接大家的到來，她的老師是金門的慈濟志工陳秀珠師姊，特別親切。

每間校園，除了五百種書籍影音還有福慧桌椅，也放置菩提鐘鼓。平安的鐘及鼓勵的鼓，當賴師兄跟大家解說裡面還有德國的機械鐘，每一整點可以敲響時，小學生都好興奮，紛紛圍過來體驗。

賴師兄的女兒、當時才剛小六畢業的芊雯，也來跟大家分享閱讀《孝心香》的心得。利用自假來當志工的同事昶輝，除了事先與當地志工一起布置，當天也與大家分享閱讀書軒主要有心靈勵志、親子教育、健康醫療等書籍，非常豐富。

金門有很多所學校，是當初曾任八二三砲戰總指揮胡璉司令官，為推展金門的地方教育，鼓勵駐軍指揮官帶領軍中弟兄一磚一瓦蓋起來的，柏村國小就是其中之一。第四十二

間靜思閱讀書軒在金門柏村國小成立。

八月初就要退休的陳為學校長，任教四十五年來著力最深的，就是這兩個字：閱讀。眼見今天靜思閱讀書軒成立，他既感動又欣慰，並表示以後會回來學校當志工。校長也跟大家分享，一九九三年父親病危，當時心裡很苦，陪伴他的《靜思語》，就是姑姑、慈濟志工秀珠師姊送給他的。

金門縣教育處許能麗科長也特別前來鼓勵。她提到，現在正大力推動金門閱讀島的計畫，鼓勵孩子從小閱讀，從閱讀裡打開知識的寶庫。

走過戰火，但願未來的記憶與歷史都充滿真、充滿善與美。我們一起努力！

足跡．心路

美善交流，形成美好人生風景

因為到各個鄉鎮的靜思閱讀書軒，也會到各地的慈濟聯絡據點走走。

一抵達金門，孫曉蘭師姊帶著許多志工來接機，感受到溫暖。金門聯絡處小而溫馨，感恩志工特別幫我們準備午餐，大家也利用一點時間交流分享。楊秀珠師姊、李姿縈師姊還有陳延進師兄負責開車接送，一路陪伴我們。

走訪第一間校園後，在車上聊才得知，師姊的親弟弟三天前出了車禍，她難掩心中的悲傷難過，流下眼淚。稍早在校園跟老師及孩子互動時，完全看不出來。她忍住這份痛苦，當下就是專心付出，從臺灣本島趕到金門，只為了陪伴我們。尤其因為校園都是由她聯繫，所以她又飛回金門陪伴大家，擦乾眼淚，繼續帶著我們前往下一間校園。

而姿縈師姊前幾天身體微恙，很難走路，但是因為要陪伴我們，默默希望可以在我們來的這一天痊癒。延進師兄之前是立榮航空修理飛機的技師，那天特別排休擔任我們的司機。

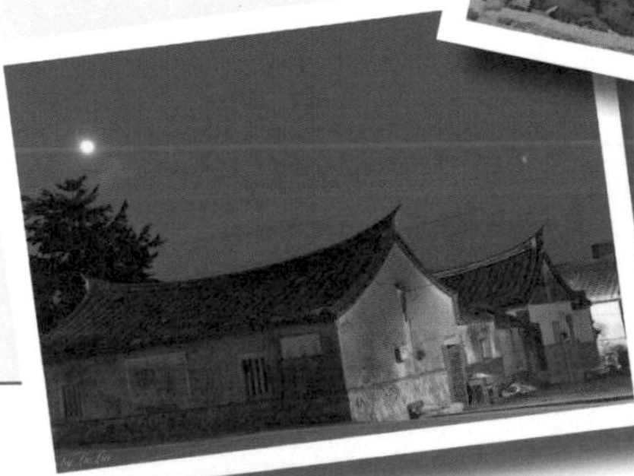

感恩有大家的照顧。

抵達金門時，想找簡單的晚餐地點，有人建議到古厝的餐廳用餐。上網搜尋之下，來到了金門水頭聚落。

把握當下，善用生命做有意義的事

金門水頭聚落有許多洋樓建築，包括當地最具代表性的「得月樓」與「黃輝煌洋樓」。我們把握時間走走，參觀別具特色的建築物，可以感受到，這裡的每一棟洋樓都各有各的歲月與精彩故事。

歲月的流轉，人事的更替，也許古厝為時光的遺留寫下註腳，也許這裡有許多刻骨銘心的印記，但縱使繁美如花，在時間逆旅中也沒有永恆。唯有把握每個當下，善用生命做有意義的事情，讓往後的記憶都是美善的足跡。

去金門好幾次，以前只是路過，這次是第一次真正走進金門。兩間靜思閱讀書軒在兩座校園成立，大家分享閱讀、分享美善。雖只是停留三十多個小時，也把握時間走走看看，領略金門的文化風情。美麗的金門，加上人與人之間的美善交流，形成一幅美好的人生風景。

澎湖文光國小、中山國小
——風，吹起閱讀的甘霖

飄洋過海，來到澎湖的文光國小。風把我們吹來了，第一次到澎湖！這也是澎湖第一間成立的靜思閱讀書軒。啟用典禮那天，布幕也不太需要拉，因為風太大了，主動揭幕，連招牌都快飛走，大家的頭髮都被吹得好亂。

但是這天很值得，來這趟也很值得！孩子們看到好多書，很開心，看到他們開心一切就值得。中山國小讓人很感動。只要念《靜思語》前一句，全校的孩子都可以接後面的句子——是全校的孩子喔！

中山國小的建築物都是新的，靜思閱讀書軒的空間也是。原來，最初澎湖中山國小申請到經費加蓋校舍，沒想到蓋完卻開始傷腦筋，因為只有建築物，其他什麼都沒有。校長說，正在苦惱時，澎湖慈濟志工跟她聯繫，談設立靜思閱讀書軒的事。她非常開心，也在短短的時間內，如同魔法棒，一下子有了福慧桌椅，也有許多書櫃，如同天降甘露！

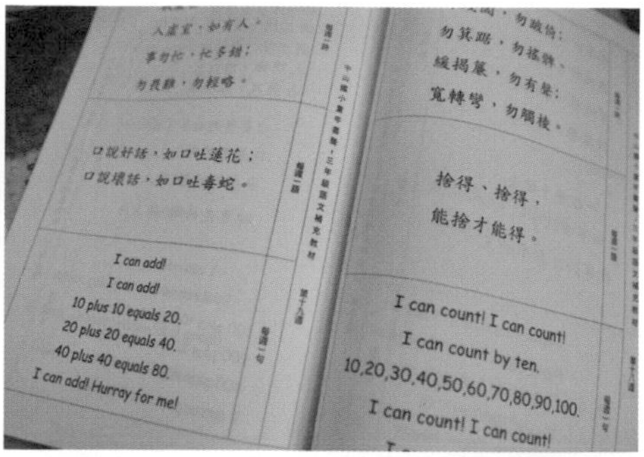

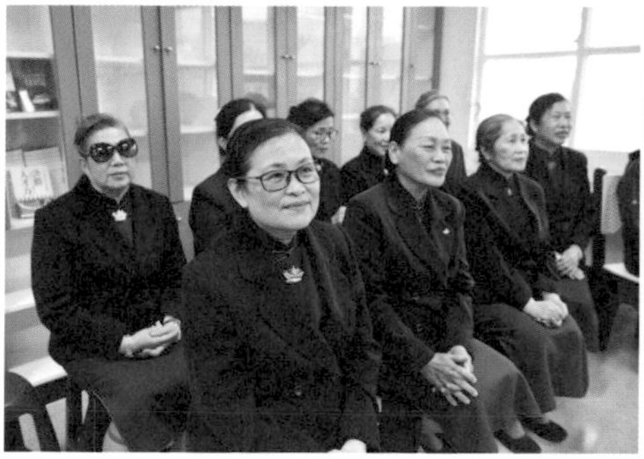

一句話，影響一輩子

中山國小十多年來以《靜思語》做為品德教育的資料，學校推動每週「一詩、一語、一句」，小朋友每週都要背一首詩、一句靜思語、一句英文。校長張素紋說，因為她自己就是靜思語教學的受益者。

張校長跟我分享，她剛畢業在澎湖一所學校教書，第三年時帶了一個只有十七位小朋友的班級，裡面只有兩位小朋友家庭完整，其他都是單親或隔代教養。這班小朋友的問題行為非常多，她每天一踏進教室，第一件要處理的不是吵架、就是打架，還有偷竊等其他問題，非常傷腦筋。

那時候，她請小朋友每天寫日記。帶這個班到五年級快結束時，有一天，她在教室改日記，班上成績最好的女生寫的題目是：「我討厭我的老師」。她第一句就寫：「有人喜歡他的老師、有人討厭他的老師，我是屬於後面那種，我討厭我的老師。」接下來還寫了很多老師的「罪狀」，那個老師就是張素紋。日記的最後一段寫：「所以如果有人問我：『你喜歡你的老師嗎？』我會跟他說：『不，我討厭我的老師。』」

改這篇日記時，張素紋的眼淚一滴滴的滴在日記本上；她真的沒想到這個女生這麼討厭她。當時她還很年輕，學校裡其他老師的年紀大到幾乎都可以當她的爸爸媽媽了，她以為自己應該是全校最受歡迎的老師，那篇日記讓她非常受傷、受挫。回覆給這位女生時，張素紋寫了很多，下午她進教室時發現，學生把那篇日記給全班的人傳閱。她當時還年輕，很傷心，也沒有夠好的心理素質跟學生討論這件事。

給孩子愛跟善的種子

這時剛好有慈濟的老師來澎湖做《靜思語》教學，教導他們如何用《靜思語》鼓勵小朋友做好事、說好話，並帶到班級經營。她心想，這或許是不錯的方式，就開始每天在黑板上抄一則靜思語，再發給每個小朋友一張名片紙抄寫上去，解釋靜思語並分享自己的經驗或故事，也鼓勵孩子們回去做一件好事或說一句好話。

經過一年、孩子六年級時，常常有老師跟她說：「你們班變好多喔！」連當時的校長都公開說：「六年級如果要畢業，我會很捨不得。」那位很討厭她的女生在升上國中後的教師節當天寫卡片給她，她寫著：「老師，我現在還是會拿以前寫《靜思語》的名片夾起來看，以前還小不懂事，現在懂事多了。老師對不起，老師謝謝你。」張校長說，她收到卡片時非常感動。她認為，這個班級缺少的，或許就是愛跟善的力量，而《靜思語》給了他們種子。

刻在孩子心裡的靜思語

從那時候開始（剛好她後來接了行政組長跟主任），她就推動把《靜思語》融入學校的校本課程。學校編了一套一到六年級的教材「童年書聲」，內容有每週一詩、每週一語、每週一句。「每週一詩」以經典為題材，例如一年級是童謠、童詩，中年級是《弟子規》，高年級則是《論語》。「每週一語」是《靜思語》，「每週一句」就是英文。

老師會每週上課，升完旗要背誦，有全班背誦跟個人的背誦，最後還有闖關評量的評量表。闖關時，有一關是「示意關」，比如問小朋友：「有錢可買大時鐘，卻買不到一秒鐘，是什麼意思？」所以，每個小朋友除了會背《靜思語》，也都知道《靜思語》的意思。

我們去學校那天，張校長講《靜思語》的上一句，全校學生都會下一句。校長說，他們完全沒有因為我們要來而跟小朋友套好；《靜思語》已經刻在他們的心裡。

中午時回到澎湖慈濟靜思堂，感恩志工準備熱騰騰的午餐給大家吃。有一對澎湖慈濟委員，夫妻都很認真，先生這幾年都到澎湖校園講故事陪伴孩子。他跟我說：「還記得嗎？多年前你跟我太太坐同一班飛機，你告訴她，有機會回澎湖可以參加慈濟。我們受到鼓舞，之後就一直擔任志工。」

我想起來了！當時坐飛機到花蓮，我們兩個坐一起。很開心看到他們兩位在當地的投入，為更多人服務。當時還有來自彰化，四歲的靜思書軒小志工亮亮，跟著奶奶到澎湖，一起協助校園內的靜思閱讀書軒布置。過程中乖巧懂事，還協助擦桌子椅子，好棒！

足跡．心路

到澎湖，一定要看海

第一次到澎湖，去了兩間校園成立靜思閱讀書軒。有人說，「澎湖歸來不看海」，雖只停留二十四小時，哪怕短短停留，還是要看看海、聽聽海聲。

澎湖海邊，一望無際的白色沙灘，如同一幅畫，簡單美好。聽見海聲、風聲，享受片刻的寧靜，在沙灘上寫下思念，於澎湖的美好時刻。

那天去澎湖一下飛機，就感受到強風的威力，走在馬路上都快被風吹走了。（明明我又不瘦！）我以為澎湖一向都是如此，沒想到離開後，還留在那裡的同事本亨說，後面幾天出太陽，那天那麼冷，是因為受東北季風影響。原來如此。

第七章

在社會大學深造，思考生命方向

「靜思」是靜靜思考生命的方向。
願每一本好書，都可以讓來這裡「深造」的朋友，
找到心靈上的平靜及生命的方向。
願人人時時正向思考，為天地積聚福氣，
祝福天下無災無難。

花蓮監獄
——「深造」代替「服刑」，找到心靈平靜及生命方向

第一次來到花蓮監獄，這也是第一間設在監獄裡的靜思閱讀書軒。

這裡有媽媽帶著幼小的孩子，也有不少朋友想要努力向上；看到有人彈奏美妙的音樂，也看到許多有才華的人。有一位裡面的朋友說：「我們進到這裡，希望以『深造』代替『服刑』這兩個字。」

感恩典獄長的支持，還有曾富良科長的用心，帶著裡面的朋友與我們的同事及志工，一起發揮良能，共同打造這個溫馨的空間，讓大家透過讀好書、說好話、共同成長。

花蓮慈濟志工潘惠珠師姊及團隊，長期在這裡給予愛與關懷，還有人文推廣的吳老師，當天他們將一本本《靜思語》及淨斯穀糧與大家分享。感恩大家，也祝福每一位朋友。

願每一本好書，都可以讓這裡的朋友找到心靈上的平靜及生命的方向。

足跡．心路

錄下親口說出的想念，心與心更貼近

每逢佳節倍思親，二〇一八年中秋節，花蓮監獄舉辦懇親會，許多收容人已經為人父母，卻因為收容人身分，從來沒有為自己的孩子說過故事。花蓮監獄讓收容人親自朗讀故事書，錄製成光碟，在懇親會時，親手送上。

去年科長與我們分享，由靜思閱讀書軒的童書發想、受刑人錄製「枕邊細語」，寄給自己的孩子，雖然爸爸或媽媽不能隨時陪伴，但每天都可以為孩子說故事。

收容人王先生：「阿諺，我是爸爸，爸爸很想你。」

除了錄下親口說出的想念，留存進光碟裡，花蓮監獄收容人還為自己的孩子做這件事。

「爸爸今天要為你說一個勇敢的故事，是有關一隻叫做乖乖的小豬。」

第一次為孩子錄下故事，口齒清晰，抑揚頓挫精準到位，

背後是一次又一次的苦練，還有志工在一旁耐心指導。

慈濟志工王瑋華說：「錄製的時候，一定要記得先將書名說出來。因為他們從來沒有講繪本給孩子聽，會害羞，講話的聲音很小、斷斷續續的，但是經過三次課程之後，大家都表現得非常好。」

收容人溫小姐覺得這樣很好，因為這會讓她出去以後，想要繼續念故事書給孩子聽。花蓮監獄副典獄長江志成說，「枕邊細語」就是由裡面的同學錄故事，讓家裡的小孩可以聽到媽媽或爸爸的聲音，這對小孩而言是很大的鼓勵。

而無法親自前往探望的家屬，慈濟志工與花蓮監獄工作人員也會代替收容人，把祝福送到家。中秋佳節，用光碟裡的聲音，用志工的手代為傳情，心與心更貼近。

宏德進修學校——有條理的管理與真誠的關懷

第一次來到臺北監獄宏德進修學校，這裡也是第二間在監獄設立的靜思閱讀書軒，希望書軒的書籍可以帶給這裡三千七百多人心靈的平靜，靜靜思考生命的方向。當天是送書及書軒啟用儀式，他們的樂隊演出非常具有水準！

當時的臺北監獄典獄長謝琨琦說：「靜思閱讀書軒到宏德補校，充實我們很多書籍，也提供了更好的閱讀環境，對鼓勵同學閱讀，有非常大的吸引力。」儘管設置在監獄內，還是能感受到滿滿的靜思人文，除了福慧桌椅，書架上擺滿了各式各樣的書籍，人文關懷和心靈勵志的好書，等著大家來翻閱。

養成一技之長，肯做不怕沒工作

收容人卓先生說：「這次的書籍裡很多是勵志或與人生方向有關，我有小孩，有些書籍讓我更認識孩子，也更認識自己。」另一位朋友則說，希望在這裡面不是服刑，而是深造；深造就是讀好書、說好話，從裡頭的書找到靜思，生命的方向。

謝典獄長帶著我們走訪收容所。這裡有各種技能的培養，包括烘焙坊與各種手工藝，成品非常細膩精緻，大家都好有才華，簡直是臥虎藏龍。典獄長說，希望他們都能學習一技之長，離開這裡之後「只怕不肯做、不怕沒工作」。

這裡人數多，其實不容易管理。但參觀了一圈，除了看到有條有理的管理，還感受到真誠的關懷。典獄長及工作人員都很令人佩服。布置時，除了我們的同事及志工，裡面的弟兄也同心協力，大家一起完成。

希望一本書、一句好話，滋潤大家的心靈，重新找回人生方向。我跟典獄長說，我們會再回去補書；但我更希望的是，下次再去時，這裡都沒有人了。

足跡．心路

讀好書，改變習氣

在臺北監獄內的宏德補校球場旁，靜思閱讀書軒提供了收容人閱讀歇腳的地方，有些人從這裡的書本中尋找未來的路，也有沙畫班的收容人來這裡創作，休息時來翻翻書。

有人說：「《行願半世紀》這本書對我很有啟發，我對『教富濟貧跟濟貧教富』這八個字感觸很多，應該是在第六十一頁。我一看到這本書就一直翻，很喜歡那一頁。」

也有人說：「很感謝上人、慈濟成立靜思閱讀書軒，讓我了解慈濟如何運作。四面整齊的書架，直接連到天花板，一走進這裡，就感覺到整個人被書包圍的溫暖。每次當我心煩意亂或者創作遇到瓶頸，都喜歡過來這裡翻《靜思語》。每次翻起書頁，都感到心靈特別平靜。」

在書本圍繞下，書軒除了看書，也是收容人專心創作的好地方。

阿潘在監十幾年了，他是二〇一四年進來的。阿潘和沙畫師傅花了將近兩個月的時間完成了證嚴上人法相的沙畫，作品逼真，唯妙唯肖，如果不說，會以為是相片。阿潘說：「我想，

證嚴上人法相沙畫。

上人為社會造福那麼多人，那我可以為他做些什麼？這才想到創作上人的法相。」當時的典獄長謝琨琦非常支持與鼓勵，讓他們用很虔誠的心來創作。

創作沙畫的過程，也觸動阿潘心底對遙遠家鄉親人的思念。阿潘說，他做沙畫那麼久、那麼多張，創作上人這幅沙畫的時候，心裡很平靜，上人慈祥的神韻讓他想起故鄉的媽媽。他在這裡關了十幾年，媽媽還是不辭辛勞，遠從馬來西亞過來探望。

花蓮靜思精舍沙畫。

除了上人的法相，他們還創作了「花蓮靜思精舍」，每次將色彩繽紛的沙撒下時，都要非常細心專注，只要一個閃神就可能前功盡棄。每一幅沙畫從開始到完成，每個步驟都要格外謹慎。漫長而沉靜的創作過程，也是對收容人心智的最好修練。

他們在靜思閱讀書軒靜思，更用虔誠的心創作出兩幅畫，並小心翼翼將畫包裝保護好，由典獄長在二〇一九年的全球慈濟日、也是上人生日那天，親自帶到花蓮靜思精舍，送給上人。

高雄明陽中學——閱讀好書淨化心靈，思考生命方向

高雄明陽中學是由法務部和教育部成立的矯正學校，專門收容犯下重刑案的少年。在慈濟志工長期的關懷和付出下，靜思閱讀書軒在矯正學校成立，希望透過靜思好書，啟發孩子迷途知返，改變人生。

明陽中學是監獄、也是學校，校園裡看不到鐵門鐵窗，孩子依照志向學習一技之長，甚至考上大學。明陽中學校長涂志宏說，這裡很多青少年的成長跟環境，是大家無法想像的。許多悲劇的發生或社會事件，都跟人的成長有關，也跟大環境有關，每個人都有責任。

在啟用活動中，有同學比手語，也有同學泡茶、奉茶給所有與會者。校長說，他真心希望孩子們在這裡除了學到一技之長，更能在《靜思語》和靜思閱讀書軒中靜下心來，找到方向。校長的話讓人很感動，因為有一

群師長如此用心，想要陪伴孩子，在這裡重新找到生命的方向。校長原本任教於很好的學校，但他主動參加考試，希望可以轉來這裡，真心想為這群青年做一些事情。

靜思閱讀書軒的「靜思」兩個字，是靜靜思考生命的方向。願透過閱讀好書，淨化心靈，祥和社會。

足跡．心路

流動書車引進心靈好書

偶然的機會下，認識熱心的林世民先生。他雖不是慈濟志工，但得知靜思人文正在發心於各地需要的地方廣設靜思閱讀書軒，便許下一個心願，希望也可以在高雄監獄成立，讓好書得以流通，高監的同學們有閱讀心靈好書的機會。過程中他鍥而不捨，真的很感動。之後再經與典獄長及相關主管溝通後，我們討論出可以用「流動書車」呈現，讓好書直接到各工廠，同學們也可更方便借閱好書。

這樣的構思也是目前臺灣各監所的創舉，若能廣為流傳，就可讓更多需要的收容人在「心自在」的環境增長智慧，在未來人生做出正確的抉擇。

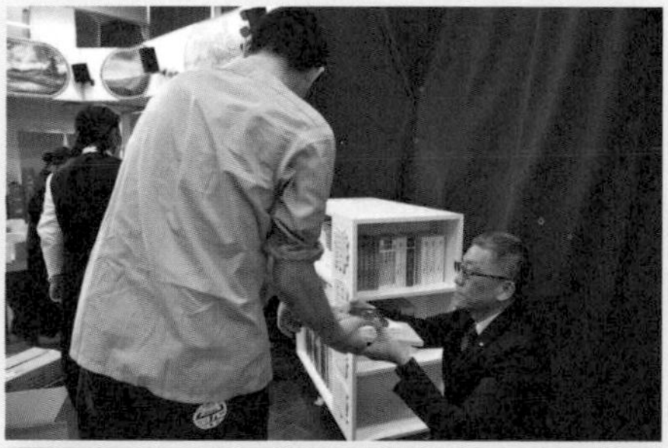

第二篇

這些人・那些事

關懷社會的起心動念

每當看到社會上這麼多有心的人，總覺得很有希望。
他們展現了生命的謙卑與溫暖，
臺灣社會有這麼多的愛，真的很難能可貴。
因為有他們的愛心捐贈，讓校園有一方沉澱心靈的處所，
書香人文伴隨，讓下一代在希望與愛中成長。

人物側寫 1 證嚴上人

付出無所求，還要感恩

二十六年前，當時讀國中的我，第一次接觸了上人英文版的《靜思語》。短短一句話，除了可以讓心靈靜思，更指引了生命的方向。

不只是文字，更是身體力行的實踐

後來我發現，書裡的這些話不只是文字，這些指引我生命方向的字字句句，都是上人身體力行的實踐。這讓我很敬佩，因為書籍不再只是用來閱讀，更可從閱讀中薰陶內心，豐厚生命。也許書中的一句話受用了，就是一輩子的影響。

二〇二一年一月十七日，證嚴上人行腳到臺南，接近晚上六點時，上人在與臺南志工溫馨座談的開示後，人不太舒服，腳有點走不動。但上人只稍稍停了一下，又繼續用緩緩的步行往前走。我當天隨師，看了很不捨、也很不忍。因為他從一早三點多起床，早餐後就開始聽取志工的分享，同一個上午有兩個半小時的歲末祝福祈福會，下午再度聽取志工的分享，鼓舞他們。

原本不少大醫王都建議上人，今年的歲末祝福不要出來行腳，改用其他方式進行。但上人堅持要親自來看看各地的志工，為他們送上祝福。

上人逐漸年邁的身軀，仍把握時間，用生命為大家說法，期待人人遇到困境時能夠有智慧化解。更希望大家身體力行，實踐在日常生活中。

轉化物質為無邊無量的祝福

每年的歲末祝福，上人會送上福慧紅包。這個福慧紅包不是來自慈濟基金會的捐款，也不是環保回收來的錢，而是上人寫書的智慧版稅，但是遠遠不夠。所以還有來自精舍師父們自力更生的付出，化為無量無邊的祝福。

我記得有一次上人談起，一九八九年第一次出版書籍《靜思語》時，他拿到的版稅是二十萬元。上人想把它轉化為祝福，遂成為歲末的福慧

紅包，當時一份紅包是二美元。後來改為等同這個價值的紀念幣，去年光是上人手中發出去的紅包就有十多萬個，另外還有精舍師父、海外各地志工替上人發的，光是福慧紅包就是上千萬元。

在書裡，我常常讀到上人跟大家說，當志工要「付出無所求，還要感恩」，感恩對方給我們付出的機會。這是書裡的一句話，更是成千上萬慈濟志工的方向。也因此，我們每到一個地方成立靜思閱讀書軒時，前期的清掃、搬書搬櫃，或有時書籍在高樓層，志工們一箱一箱的扛上去，甚至還協助空間的修繕等等，大家都是用這樣的心在做事。就如同有一次，學校老師語帶哽咽的說，不少前來幫忙的志工年紀都比自己的父母大，換燈泡、修繕木板、清潔打掃樣樣來，還各自帶著便當，以省下用餐往返的時間，等一切都整理好再離開校園。老師說，他們帶來了光明跟希望。

付出無所求還要感恩，這句話，上人也同樣做到。

上人跟精舍師父生活清平簡單，他們克己、克勤、克儉、克難，自力更生，不接受供養。五十多年來，綿延久遠的「靜思家風」，自力更生清規不變，生活用度不僅沒有一分一毫來自慈濟會員的捐款，反而如上人說：「靜思是慈濟人的後盾。」除了提供飲食，也提供住宿，接待回到靜思精舍的全球慈濟人。

愛與付出，在瘟疫蔓延時

父母是孩子的模，老師也一樣；很慶幸我有一位很好的老師、生命的導師指引方向。雖然無法每天跟在老師身邊學習，但是可以透過閱讀他的書，還有許多人品典範的書，讓心靈喜悅。

慈濟五十五年，上人一路走來，透過各種方式，都是為了淨化人心，社會祥和，天下無災難。從各地的靜思書軒，一直到校園設立的靜思閱讀書軒，都是希望透過好書、好話，一句話就可能影響一輩子。

每一間靜思閱讀書軒，幾乎都有一幅「年年三好三願」的畫，以示上人的期許跟祝福：

口說好話以淨化人心
身行好事以祥和社會
心發好願以天下無災

從二〇一九年年底到現在，疫情影響全球，瘟疫蔓延時，更需要讀好書，做好事，發好願。

人物側寫 2

我的父母與菲律賓慈濟人

愛無國界，為孩子鋪人生道路

我生長在一個非常好的家庭，有一對非常好的父母。從小，爸爸媽媽就是我的典範。我的爺爺、奶奶從大陸福建來到菲律賓，父親是華僑第二代，爸爸媽媽都在菲律賓出生和長大。

爸爸媽媽對教育非常用心，會挑選很好的讀物給我們。內容包含了孝順、做好事，以及忠孝、仁愛、信義、和平等有關的主題，不管是童書或任何讀物都是。

爸爸媽媽對於我們看的電視或影片也非常謹慎，都會先挑選，不隨便讓我們看，不想讓幼小心靈受污染，非常用心陪伴我們長大。還曾經為了學中文，讓我來臺灣念了一年仁愛國小，再回菲律賓，所以我們從小就知道，「閱讀」是件很重要的事。

二〇一七年我開始進行靜思閱讀書軒計畫，許多菲律賓的慈濟志工和企業家，默默支持了好幾間靜思閱讀書軒空間的設置。

設置靜思閱讀書軒功德比修橋造路大

當時來自菲律賓的一群企業家，由事業版圖遍布世界各地的上好佳食品公司董事長施恭旗帶領。施董事長很敬愛崇拜證嚴上人，行程先安排參訪關渡大愛臺。以及慈濟人文志業中心靜思書軒，預訂全團五十位左右，要到花蓮拜見敬愛的上人。

剛巧當時正在推動靜思閱讀書軒，讓全臺各校及偏鄉學童有因緣接觸正知、正見與正確的人生方向，但閱讀書軒的費用，全依賴有心的企業家、會眾人士、師兄師姊等自願發心捐獻。我爸爸當天陪伴菲律賓企業團，企業家有意布施，他因此分享了個人想法：同樣是財布施，捐給靜思閱讀書軒能萬年久遠，給老師、學生、家長、社會人士接觸正知、正見的《靜思語》，改變個人習氣，影響家庭；間接能護持精舍常住師父長年辛苦提供齋食，不接受供養，因此功德比修橋造路更大，何樂不為。聽完父親的分享，菲律賓的企業家當場踴躍募捐十幾間的閱讀書軒，大家喜樂洋洋，法喜充滿，無限感恩。

來自異國、心繫孩子的愛

菲律賓企業家總共認養了十八間靜思閱讀書軒，包括施恭旗董事長、顏長偉師兄、施嘉驛師兄 、李偉嵩師兄、蔡青山師兄、陳麗君師姊、曾淑姿師姊、王建泉師兄夫婦、李美英師姊以及我父親，還有幾位是共同認養校園，一起把愛散播出去。

記得到綠島公館國小時，我告訴校長，這間校園是菲律賓的慈濟人認養的。他聽了非常感動。因為，這份愛除了是飄洋過海而來的支持，還是自異國菲律賓坐飛機前來，這樣的愛無國界，心繫著每一個孩子。

我很感恩爸爸媽媽。他們在我國中時引領我認識上人、認識慈濟。第一次來花蓮，就帶著我去醫院當志工，讓我看到同年紀的人因為得了癌症面臨死亡，體會生命的無常，更讓我了解《靜思語》所說的「行孝、行善不能等」；人要保護自己的生命，生命沒有所有權，只有使用權。我從那一刻開始，投入慈濟志工的行列。

父親知道我寫這本書時，寫了一段話給我：

「青兒，你所著的書籍非常好。此書全部是將上人的法，《法華經》的精神廣傳給大眾。不只是給學生家長，大家均可受用，一句一偈，能改變個人習氣，改變一個家庭、社會，功德無量。所謂『讀法華，行法華，法入心，法入行』，就永遠不會迷失，漸漸就能回歸清淨的本性，也就是佛性。記得上人曾經說過『書在家代表我在』，爸爸要購買一百本，為上人與大眾結緣，拋磚引玉，來帶動此書廣傳上人的法。」

父親將這段話，也同時傳給菲律賓的許多慈濟志工。感恩大家的祝福，書籍還沒有

出版，尚在最後階段的整理，他們就響應了六千多本，希望送給所有的學校校長跟老師。

這群菲律賓志工就如同我的長輩一樣，從小看著我長大，他們為社會用心、用愛付出，令人感動。除了前述提到的幾位，還有一直很謙虛、默默付出，無論我們做任何事都當我們很好後盾的蔡清美師姊。

我深深的感受到，當你所做的事、想到的，都是為了別人，而且是好的事情，你就會很開心，也自然而然會有很多人一起來共同成就。善念匯聚，相信每個人都有善念，這也是父母從小告訴我的「人之初，性本善」。

正如上人的一句靜思語：「人性之美莫過於誠，人性之貴莫過於信。」誠跟信，是很重要的。

人物側寫 3　陳致遠（誼遠控股體系董事長）

善念匯聚，讓愛傳出去

三年前開始在校園設立第一間靜思閱讀書軒時，誼遠控股董事長陳致遠是第一個支持的。當時他說跟我說：「就去做，沒關係，經費我來承擔。」即使後來我發現經費遠遠超出預期，他也說沒有關係。

全臺第一間靜思閱讀書軒在屏東高樹鄉的高泰國中成立時，他親自陪我們去；在慈濟援建的減災希望工程苗栗公館國中成立第一百間，以及在光明國小成立臺東的第一間時，陳先生也說：「你們去做，我來支持。」

讓孩子有個可以靜下心、找方向的空間

我還記得他在高泰國中跟同學、老師分享靜思好書，以及設立靜思閱讀書軒時說：「現在資訊很發達，從網路很容易取得資料，但是能夠在校園有個這樣的

空間，讓孩子們靜下心來、找到方向，還是很重要的。」他告訴大家：「也許現在還沒感受到，但在未來的某個時間、某個地點，你閱讀過的內容可能就帶給你力量或幫助。不過大家也不必功利的看待閱讀這件事，因為無論如何，閱讀都能讓你養成思考、靜下來的習慣。」

如今一轉眼，臺東的第二十一間、全臺灣第一百五十間，在南橫公路山上的海端國中，他再度親自認養及參與。

那天我們一早從臺北搭飛機到臺東，一起在市區的慈濟靜思堂與志工用簡單又好吃的素食午餐後，開了一個多小時的車到海端鄉。忙碌的他利用車上的時間處理公事；抵達時，又利用空檔開了國外的電話會議。結束後，再坐一個多小時的車回臺東，搭機回臺北。實在很感恩他，百忙中抽空跟我們一起前來，鼓

勵大家。

期許社會，人人充滿愛

那天回到臺東市區時，天已經黑了。他告訴我們：「加油！第兩百間也要留給我認養。」感恩他，還有許多有善念、有善行的企業家及默默付出的人，善念匯聚，涓滴大愛，讓愛傳出去。

陳致遠雖是企業家，但一直在做許多善行。有一次看到騎機車的人出狀況，他趕快從車上下來幫忙，司機和保鏢也下車，一個幫忙受傷的人、一個指揮交通。這一切都不是刻意去做，只是覺得能做就做。

他期許這個社會人人充滿愛，讓愛傳出去。哪怕是對周遭或不認識的人，也期許自己要先去愛別人，別人才會愛你。因為「心中有愛，人見人愛」。

人物側寫 4 李屏賓（國際攝影大師）

以母親之名行大愛

「這次很高興能盡微薄之力，若有任何記錄，可否用我母親的名字？這都是我為母親的大愛而為的。」——李屏賓

他是國際攝影大師，七座金馬獎得主。踏進電影圈，入行已經超過四十個寒暑，李屏賓以獨到的詩意影像獲得了「光影詩人」的美譽，名作無數。

再忙，都要回臺灣看媽媽

他長期在國際間奔波，有時需要在零下三十度低溫拍攝好幾個月，有時又身處炎熱的世界某個角落拍攝。但他總會想辦法回臺灣，看看母親。李屏賓媽媽住在北投，我們偶爾會去探望李媽媽，跟她說說話，帶五穀粉跟她分享。李媽媽很開朗，笑容特別慈祥。

很遺憾的，二〇一八年年底，九十多歲的李媽媽離開了人間。我們到靈堂致意

時，他跟媽媽說：「媽媽，青兒他們來看你了……」說著說著，忍不住流下眼淚。每次講到母親，他總是充滿感恩，流露出最脆弱溫柔的一面。

二〇〇一年，《花樣年華》奪下金馬獎最佳攝影。上臺致詞時，李屏賓說：「我母親在她花樣年華的時候，為了撫養我們幾個孩子，一直守寡至今。我今年已經四十七歲，母親也老了，所以我要在這邊把《花樣年華》的獎獻給我的母親。」二〇〇七年，他去挪威領獎，邀請八十歲的母親同行。李屏賓說：「我只是想讓媽媽看到我在做什麼，讓她寬慰一下，畢竟她的感受一定比我更重。」

我一直很慶幸，跟他很有緣。有一次坐飛機還跟他搭同一班，去同一個目的地。而每次回臺灣，只要他時間許可，我們都會小聚一下。有一次，跟往常一樣，他特別撥空來到我們的新據點——誠品信義五樓的靜思書軒聚聚聊聊。我們聊很多，包括他的電影、生活，以及他對年輕後輩的珍惜及培養。

他告訴我，現在接很多年輕導演的作品拍攝，我問他：「貴為攝影大師，為什麼要接新出道導演的作品？」

他說，希望能幫助這些年輕人走正軌。他們好不容易累積了實力拍攝自己的第一部片子，他希望可以幫助他們、培養他們，讓他們容易找到資金投入，找到很好的演員來演。我覺得很感動，也很佩服。他就是無私奉獻的老師，為電影界培育許多人才。

讓更多人感受母親的愛

後來我分享了自己到臺灣許多校園設立靜思閱讀書軒的事，以及到各鄉鎮的所見所聞。沒想到他突然說，他也要認養一間。我很驚訝，同時很感恩，因為我跟他分享這一切，不是為了募款，我知道他跋山涉水到世界各地拍攝，真的很辛苦，我唯有敬佩，從來沒有想過請他認養一間。他卻說，他知道我不是要跟他募款，但請讓他盡一份心力。

他跟我說：「這次很高興能盡微薄之力，若有任何記錄，可否用我母親的名字？這都是我為母親的大愛而為的。」感恩他，感恩他的孝心，更感恩他偉大的母親——王永珠女士。

人物側寫 5

鄭瑛彬（榮成紙業董事長）

以善以愛為寶，默默付出

十六年前，我們開始在臺灣各大飯店推廣《靜思語》，希望每一位到飯店的旅人，除了身體上可以得到片刻休息，也翻開一本書，因為書中的一句話得到心靈的慰藉。

當時第一位響應的，是臺北喜來登大飯店董事長蔡辰洋。除了飯店客房有《靜思語》，一樓大廳也保留了重要的位置，成立靜思書軒。二〇一六年蔡先生因心肌梗塞過世，感恩他的兒子、現任董事長蔡伯翰延續這份愛，靜思書軒依舊在。

因書結緣，一見如故

為了推廣《靜思語》到飯店，我們也請託交友廣闊的智邦科技董事長黃安捷幫忙引介飯店業者。在他的引介下，老爺集團、國賓飯店等多家飯店，後來都擺放了《靜思語》，並從臺灣帶動到世界各地，至今已有一千多家飯店中有《靜思語》。

認識榮成紙業董事長鄭瑛彬，就是因為《靜思語》。他是黃安捷董事長引介的

飯店業者之一，將《靜思語》帶到他創辦成立、世界聞名的杭州富春山居飯店。鄭董事長深具美感、品味，書籍陳列雅致，讓人一看就想翻閱。

雖與書結緣，但我們從未講過話或見過面。一直到二○一○年，中國大陸最大的民間環保組織阿拉善SEE生態協會來臺參訪並舉辦年會，兩岸三地舉足輕重的企業家會員攜手合作，希望為推動生態保護做貢獻。當時鄭先生建議他們來慈濟參訪，了解慈濟如何推動環保。

因緣輾轉，有CSR顧問公司的顧問建議他找我。雖是第一次見面，得知曾因《靜思語》結緣，彼此一見如故，彷彿認識已久。多年來，無論是臺灣或世界各地，哪裡有災難，他就默默開張支票捐款給慈濟，及時行善。

微塵人生，無處不自在

到校園推動靜思閱讀書軒，鄭先生也非常支持、鼓勵。日理萬機、事業忙碌的他，甚至在第九十八間臺東豐

榮國小、第九十九間臺東寶桑國小啟用當天，親自陪著我們前往，給予愛跟溫暖。

我還記得，那天他陪著大家一起整理桌子椅子，幫忙擺放整齊，沒有任何架子，非常「縮小」自己。他說，九九代表長長久久，這間校園由他認養，他祝福我們長長久久。

寶桑國小校長李倩鈺的公公婆婆是非常資深的慈濟志工，很早期就投入（專員編號二八二號）。她八月份剛上任，就有一間靜思閱讀書軒成立的機會，特別開心與感謝。

啟用前，因為與會的學生、志工特別多，椅子不夠坐，鄭先生跟張雲傑醫師於是利用原本有的福慧床重新調整。看到一位董事長、一位醫師認真的幫小朋友搬桌子、椅子，畫面特別動人。微塵人生，無處不自在。

感恩許多像他一樣的有心人，默默為這個社會付出，讓世界任何一個角落都有長情大愛，永恆情誼。正如上人常說，臺灣無以為寶，以善以愛為寶。寶島臺灣，總是有許多有愛的人。

人物側寫6　周俊吉（信義企業集團創辦人）

傳播善念，帶動善的效應

「感謝您撥冗前來，更感謝靜思書軒為偏鄉教育、為臺灣心靈提升做的事。」這是我拜訪信義企業集團創辦人周俊吉董事長後，他回我的訊息。

在一場活動中遇到周董事長，我邀請他來靜思書軒心靈講座，彼此留下聯繫方式。其實多年來一直很敬佩周董事長，他風度翩翩，持續做許多關懷社會的事。他白手起家，與妻子從小辦公室開始，胼手胝足，創立信義房屋。公司名取自《論語》：「君子義以為質，禮以行之，孫以出之，信以成之，君子哉！」的信、義二字而來。

我沒有策略，只有信義

周董事長說：「義以為質，信以成之」，就是做對的事，被問及經營理念時，他都回答：「我沒有策略，只有信義。」他也曾被《哈佛商業評論》雜誌票選為「臺灣CEO 50強」。

一月時，《康健》雜誌以「豐盛」為主題，報導靜思閱讀書軒的足跡〈一個簡單的發心 為學童打造110間靜思閱讀書軒〉。周董事長閱讀後，傳了訊息給我：「有機會我願意追隨。」那天是二〇二〇年的一月一日。看到訊息特別開心、感動，希望可以去拜訪他。

感恩撰寫者邱淑宜在《康健》雜誌的報導，讓善念傳播，帶動許多善的效應。另外，更感恩看到報導而發心的有心人，除了周董事長，後來還有其他人、甚至法師，也是同樣因為看到雜誌的報導，主動認養好幾間。

二月時去拜訪周董事長，感恩他的肯定跟支持。他選了嘉義的東石國中，並且跟我說，如果信義鄉有校園需要，他也願意支持。他們是信義房屋，一直為信義鄉做許多社會關懷的工作。我跟周董事長說：「您的鼓勵給予我們往前推的動力。」他回我：「臺灣的歲月靜好，是因為有人負重前行。慈濟的精神是臺灣向上的動力！」

把握機會厚植實力，植福田

國際間受到疫情的影響，上人提到，人人要戒慎虔誠，同時做善植福破災難。而周董事長就是如此，除了提醒人人把握機會厚植實力，善用遠距學習升級專業知能，同時不忘以身作則行善做好事，植福田。

東石國小啟用後，我傳訊息給他：「東石國小是臺灣北回歸線經過最西邊的沿海小學，很純樸可愛的校園。大家很感恩您的支持，讓他們有一間靜思閱讀書軒，可以閱讀好書，說好話。」

感恩許多人的支持，每一間靜思閱讀書軒都蘊含許多人的愛，每一個起心動念、每一個行動，都有飽滿的「愛」在裡面，藉由有形的空間、無形的時間，人與人之間，讓愛傳出去。

人物側寫 7

黃喜三（富華光學工業董事長）

捨得，造福更多有需要的人

黃喜三師兄，是許許多多支持靜思閱讀書軒的其中一位。黃喜三師兄和郭純玲師姊曾經是廈門慈濟的第一個種子，認識上人後，他們開始身體力行，做法事與慈善工作。

我跟黃喜三師兄是因為十幾年去廈門參加展覽結緣。我每年一定會去廈門，一轉眼二十多年了。因為疫情的關係，他現在比較多時間在臺灣。

黃喜三師兄是臺商，回臺灣時經常到靜思書軒坐。他通常帶孫子來，拿著有許多零錢的存錢筒來捐。他每次來，就是一次相聚。他會問我領竹筒，再拿回去讓孫子存錢。其實竹筒只是媒介，我們藉這個機會相聚、互動。

哪裡有需要，就去哪裡

我記得有一次，他又來靜思書軒坐，問我最近在忙什麼。當時應該是剛開始進行「靜思閱讀書軒計畫」不久，我跟他分享過程中的心得，覺得開導孩子，讓他們

快樂的接觸這些好書，讓人特別開心。

我一路分享，他提出了第一個問題：「那請問，你想要設立多少間靜思閱讀書軒？」他知道設立一間的經費至少要五十萬元。我說：「希望是無量無邊，只要哪裡有需要，就可以去設立。」

他的第二個問題是：「那你現在有多少經費？」我回答：「現在只有第一間的經費，後面的都沒有。」他嚇了一跳，因為「怎麼會無量無邊的心願，卻還沒有經費？」

我跟他分享了慈濟援建五十餘所希望工程時，經費完全不足，上人仍毅然決然決定援建的故事。上人相信，每個人都有愛，所以當你要做對的事情，不管是為教育或為這個社會，一定會有很多人支持。

我自己每次講到這故事都眼眶泛淚，非常感動，跟他分享時發現，他同樣眼眶泛淚，受到感動。我說：「我覺得應該可以努力，我相信會有很多、很多人一起來支持，因為要做的是對的事情，是要把那麼多的好書與更多人分享。」他只說：「你給我靜思閱讀書軒的帳號，我也要支持。」他真的支持了好幾間靜思閱讀書軒。直到現在，這件事都讓我非常感動，尤其是在設立前面幾間閱讀書軒時。

後來有一天，喜三師兄又來靜思書軒喝咖啡，我們也是話家常，分享一些生活的點點滴滴。他說，他跟太太結婚五十周年，孩子們想為他們慶祝，他說不用慶祝，把錢省下來。兒子就說：「這樣好了，爸爸，你開的車有點舊，應該換一輛新車。」他跟兒子說，你把錢給我，我自己做主就好。原來，他打算把兒子給他的錢一半捐給大愛電視臺，一半用來設立偏鄉校園的閱讀書軒。他告訴我，他的車子雖然舊了點，但是好好的、還可以開，不需要花錢買新車，實在是很有智慧的爸爸。

要離開書軒時，我送他從門後走出去開車，跟大家道別。我看著他、看著他的車，看著他開車離開，當下滿滿的感動——怎麼會有人如此的捨得？不是為了享受，而是想造福更多的孩子跟有需要的人。

有福報，是因為懂布施、捨得

喜三師兄也很珍惜可以跟別人以書結緣的機會。十幾年前兒子結婚時，他送每個人一本《靜思語》二十周年典藏版、一副公司製造的太陽眼鏡。他們跟每位來參加的賓客說，他要送給大家影響他人生的一本書《靜思語》，這是他們的傳家寶，也將這個智慧的傳家寶送給大家。

我一直覺得，很多有福報的人是因為懂得布施，懂得捨得。所以，每個靜思閱讀書軒的孩子都很有福，因為他們從很多有德行的人身上感受到的，不只有收到的書，還有背後的故事。

人物側寫 8

許吉欽（和光工業股份有限公司董事長）

讓更多人的生命因教育而改變

雙溪高中靜思閱讀書軒啟用那天，校長特別感謝了和光工業董事長許吉欽。校長說，學校裡的烘手機都是許董事長幫他們準備的。許董事長是個謙虛的企業家，產品外銷到世界八十幾個國家，但長期關懷學生。東北角好幾所學校靜思閱讀書軒的設立，包括雙溪高中與豐珠中學，許董事長除了牽線，也因為長期有互動而護持認養了兩所學校的經費。

奶奶帶大，生活哲學跟道理深受影響

他出身彰化田尾鄉，小時候家裡務農，是農家子弟。母親很早就去世，主要是奶奶帶著他們長大。他爸爸有六個兄弟，家裡有三十三個人，一起住在一間四合院。奶奶雖然沒有念過書，可是很多生活哲學都讓人非常佩服。

不管是做人做事，奶奶都有一套自己的邏輯，也會教給孫子們。奶奶告訴他們，人要扎扎實實、規規矩矩的做事。比如說，打掃庭院要從四個角落開始，掃乾

淨、弄到中間。因為死角（牆角）永遠是看不到、也是最髒的，即使是角落、不容易注意之處，也要掃乾淨。這其實也是告訴他們，做每件事都要認真，就算是別人看不到的小事也一樣。

許吉欽很多生活哲學跟道理都深受奶奶影響，從小就學習要感恩、要對別人付出、待人要真誠，所以他一直很感念。

認同慈濟，因為愛社會而付出

許吉欽來臺北後，一路增長知識，事業有成。兩夫妻生了小孩，小孩才一歲多沒人帶，就請爸爸上來幫忙。爸爸胃不好，有一次送醫院時慈濟志工來給予關心。他從那時開始知道，慈濟一直在社會上做好事，於是成為慈濟會員，每個月捐款。他說，他非常認同慈濟為社會做的很多事，都是出於愛這個社會與付出，這跟從小奶奶教他的理念是很像的。事業有成後，他也在公司做回收，例如雨水回收、資源回收等。後來他希望紙箱也做回收，慈濟的師兄師姊來幫忙，因而結緣。

對於自己有很好的事業，許吉欽非常感恩，認為應該回饋社會跟布施。他成為慈濟的榮董，非常喜歡聽上人的話，覺得上人的話很溫柔，每句話都很有道理，而且深入人心。後來，公司開始固定撥出一大筆經費，從事教育、社會弱勢、宗教方面的公益。會開始跟豐珠中學互動，是因為它是中途學校，比較特殊。當時的警察分局長來找他，分局長說，這些孩子的生命經歷比教科書寫的還深入，更需要社會給予更多的愛跟關懷。

教育可以改變一個人，走上正軌

因此，許吉欽成立了基金會，給孩子生活費，讓他們離開豐珠中學之後至少有一點儲蓄，不管是升學或是開始其他新生活，都可以走上正軌。偶爾他也會帶一些好吃的食物去學校跟大家一起吃飯，帶動愛與關心，希望能夠因為教育，改變更多人的生命。

許吉欽相信，要改變一個人、讓一個人有很好的生活軌跡，需要的就是教育。

所以他非常認同靜思閱讀書軒的設置，覺得是很好的事，一直在這個領域努力，也希望持續給予靜思閱讀書軒更多支持。例如，他希望家鄉彰化的第一間靜思閱讀書軒可以由他認養，拋磚引玉，號召大家一起來推動。

每當看到社會上有許多這麼有心的人，總覺得很有希望。這些人展現了謙卑、溫暖的生命，臺灣社會有這麼多的愛，真的很難能可貴。

人物側寫9 劉寶足（資深慈濟人）

不因時空不同而改變的珍貴情誼

二十二年前、我國中時，有一件跟菲律賓慈青們辦的設計比賽得獎作品，後來做成T恤義賣，所得用來幫助需要的菲律賓人。二十多年前就陪伴慈濟大專青年的寶足師姊那時候也買了一件。

後來，寶足師姊與先生長期住在海外，有一天，我在臉書上看到寶足師姊要回臺灣的消息。她想來書軒坐坐，聽聽靜思閱讀書軒的點點滴滴。那應該是靜思閱讀書軒剛設立滿二十五間的時候。

默默行善，謙虛低調

那個早晨，寶足師姊與先生一起來到書軒。我們本來去每一間靜思閱讀書軒之後就會整理出一份簡報，內容是每一間書軒的點滴。那天並沒有刻意準備其他簡報，就和寶足師姊與先生在書軒聊起這段時間的經歷和點點滴滴。設置靜思閱讀書軒的初心、緣起和過程的種種，是我生命中非常特殊、難得又珍貴的經驗，我自己

每次回顧或與別人分享時，都依然非常震撼和感動。

後來寶足師姊跟我說，她也準備支持靜思閱讀書軒。我也才知道，原本她想支持兩間靜思閱讀書軒，但先生說，要支持就多支持幾間。其實不只是書軒，他們多年來默默做了很多好事，但謙虛低調，為善不欲人知。

寶足師姊除了跟先生默默護持很多間書軒的設立，去年也跟兄弟姊妹們提議，大家共同為媽媽植福田。兄弟姊妹一條心，大家很歡喜，積少成多，為已故的母親劉林月森女士祝福。寶足師姊家七個兄弟姊妹及家人還有兒女們，即使有些成員經濟狀況普通，大家仍然盡一己之力，每個人每天省一點錢，努力積少成多，涓滴成河，累積起來共同成就一間靜思閱讀書軒的成立。

寶足師姊的家庭成員彼此相知相惜，互相扶持。

雖然小時候生活很辛苦，但是每個人都知道親情珍貴，很珍惜所擁有，並知福、惜福，繼續造福。很感恩這富足的一家人，更感恩寶足師姊除了自己付出，還帶動許多人一起付出善念。她還促成來自北加州的志工們，每個人累積善念成就了三間靜思閱讀書軒。每次收到靜思閱讀書軒的設立經費時，我都感觸很深，因為收到的，有形的是錢，無形的是飽滿的善念跟愛心。寶足師姊人如其名：「寶」滿的愛，富「足」的人生。

他們自己生活簡單、節儉，對別人、做好事時卻很慷慨。長期住海外的他們吃素，從臺灣帶去的素丸子，煮湯的時候一顆丸子要切很多片，省省的吃。我記得有一次一起去吃飯，她點了一碗麵，附辣椒、蒜頭，特別的香。她告訴店員，旁邊附的辣椒、蒜頭她要包回去，可以繼續炒菜。並且於疫情期間，帶領許多北加州的慈濟志工縫製口罩，捐贈給有需要的人，包括不同宗教的機構，為社會帶來溫暖。

寶足師姊二十二年前義賣時買的那件T恤，我們見面那天，她特別帶回來送給我，真的很感動。非常感謝寶足師姊兩夫妻，每年都持續引領我們，給我們很多的愛跟鼓勵。雖然時間不同、空間不同，但人與人之間那份珍貴的情誼依舊。

人物側寫10　潘機利家族（主幼商場負責人）

抉擇轉念，贏回人生下半場

農家出生的潘機利家住屏東萬丹鄉，上有兩位哥哥及一位姊姊，他排行老么。一九八六年，潘機利與二哥共同打造了主幼商場王國。後來在朋友的慫恿之下，他結束經營才半年的商場，改經營賭博性電動玩具店，不僅賠上錢財，也賠上家庭的和樂。他因此決定結束電玩事業，自此不再碰觸八大行業。

八八毀家園，激醒本具善心

遠離惡業的潘機利在一九九二年，因緣巧合之下認識慈濟，隨即加入榮董行列，卻直到二〇〇八年發生八八風災，才真正感受到慈濟的力量。

當時在旗山地區擁有一家門市、也是八八風災受災戶的潘機利，看到慈濟人發放熱食及慰問金，並且付出無所求，幫助受災戶清理家園。他反思：「我能為鄉親做什麼？」第一個想法就是調派推土機幫忙清理，並發動協力廠商，將義賣所得全數捐給「慈濟八八風災專案」。

培育英才從閱讀開始

期許

《靜思語》出版已經進入第三十二年了。其實，靜思語文字很平常，卻有些人認為靜思語有宗教色彩而心存排斥；它不過是一本淺顯易懂，又能自我沉澱並付諸行動的文字而已。孩子們能否接受，最重要的是老師、校長，願不願意包容靜思語進學校，這是我心裡很掛慮的事。

今天有此因緣，在委員、慈誠、榮董以及慈濟人肯定靜思語對孩子的啟發，大家努力把它推進校園，真的很感恩。

蔡青兒與年輕人的心很貼近，她又很活潑，推動靜思書軒的閱讀計畫很有節奏又能穩定人心。各校書軒的設計既簡單又典雅，色彩莊重又不會沉悶，孩子小坐片刻瀏覽書籍，躍動的心都被撫平了。尤其感恩校長們樂意接受，有空間讓他們去布置這方閱讀的小天地，圓滿這樁美事。

溫馨祥和的社會立基於教育，孩子的教育的確不能等。我很擔心當前瞬息萬變的時代，老師要把孩子教得好，實在難上加難；因為連父母都難以管教了，老師要如何教育？經營一所學校，真的很不容易。

不過，既然社會有需要，我們不得不設法來幫助孩子。相信老師們的志願都是教導好孩子，為社會培育英才。在這樣的時代，很需要社會人士、教育界的老師們、還有家長一起努力，這是一個很大的功課。

要篩選、出版好書真的不簡單。《經典》雜誌的總編輯王志宏就說，第一本《經典》雜誌就收錄了靜思語，同時也出版慈濟相關的書籍。《經典》在手，就能縱橫十萬里，遍遊天下，它既有深度又有廣度，也很容易閱讀。有心人編好書，也需要有熱情的教育人士接受、推動，教育下一代。我們同心同志願，一起為普天下教育出優秀的社會人才，這是我們共同的期待。

感恩所有校長們，願在學校推動愛的教育，真的很了不起。

（恭錄二〇二一年元月證嚴上人與校長座談開示）

期許──守之不動

姚仁祿

「舊書不厭百回讀，熟讀深思子自知」，一千多年前蘇東坡的這句話，歷久彌新。好書，多次讀，自然會變成舊書。好書讀成舊書，隱藏在文字、圖片裡的價值觀、人生觀、觀看宇宙萬物的想法，就會在我們的腦海裡穿針引線，讓我們成為更善良、更文明、更開朗、更無私的人。

蔡青兒慧根本具，因此深信，好書會影響人，進而影響社會。多年前，靜思書軒成立，青兒就已加入團隊，發願歡喜的讓更多人讀好書。近年，她更進一步，東奔西跑，不顧挫折，努力以令人歡愉的笑容，呼籲善心人士，出乎我意料，時間不長就已經成就了一百五十所中、小學校園裡的「靜思閱讀書軒」，也立願守之不動的向兩百所，踏實前進。

讓我們閉眼想像，只要我們與像青兒這樣的善心青年，一起守之不動，讓推動閱讀好書的理想，不斷前進；經常徜徉在這些書屋裡，自在閱讀的小小心靈，總有一次，會發現，他們的腦海裡，有許多的溫暖；他們的眼前，看到許多好人；他們也開始理解，自己的手可以伸出來，幫助弱者，也許是一隻小動物，也許是一個失意的人，也許是一座森林，也許是一片海洋。

有一天，他們經過好書薰潤的腦海，會看見宇宙原是一體，地球只有一個，人類本是一家，人與動物本來平等。

更重要的，是腦海裡，有了感恩的溫暖。

——大小創意齋共同創辦人兼創意長

後記

生命因為利他而豐富

這三年真像在環島一樣。從臺北到南投、臺東到高雄、高雄到臺北、臺北到宜蘭，連離島的澎湖、金門、馬祖、蘭嶼、小琉球，都去了不只一次。但不是去旅遊，而是帶著滿滿的真誠與溫暖前往每個校園，希望可以布置好每一間靜思閱讀書軒，將好書、好話跟美好的心意，盡快送到所有的孩子及老師手中。

臺灣有三千多所中、小學，偏鄉學校有一千多所，很希望每個校園都有一間靜思閱讀書軒。如果可以每個孩子都閱讀好書，在他們心中灑播善念的種子，種子一天一天成長，會成為一棵充滿愛的大樹。這不只是知識的學習，更是智慧善念的培養，讓他們長大後做個有善有愛的人，如同大樹成林，庇蔭代代子孫，以善以愛傳家，締造光明和諧的社會，正如《無量義經》提到的：「布善種子，遍功德田。」

當學校老師分享：孩子因為隔代教養，與其讓他們回到家裡面對冷冷的空間，不如在學校多停留一會兒，靜思書軒不但是他們安身安心的空間，還可以挑選自己喜歡的書籍閱讀。

當校長帶著淚水分享：這個鄉鎮很孤單，因為在深山，周遭沒有太多地方可以去，閱讀書

軒讓孩子、老師甚至社區民眾前來讀書、寧靜與靜思。

當這幾天看到照片：下課了，閱讀書軒裡面的燈是亮的，門口有好多孩子的書包；因為明亮優雅的環境，讓許多孩子選擇課後來挑一本書，靜靜閱讀。

從一則又一則的分享中，體會到師長們的感動，心中充滿喜悅。歷經三年、共有一百五十間校園成立了靜思閱讀書軒。看到許多孩子的微笑、老師的喜悅，更看到無限的希望。一本書，一句話，一輩子。再累，都值得。

因為看到需要，明天仍將繼續。那份喜悅，遠遠超過自己得到任何物質。也許就像上人常說的：「生命因為利他而豐富。」愛，就是人生中美好的禮物。天下事無法一個人獨力完成，「一個人走得快，一群人走得遠」，深深感恩大家的力量，每個人的支持與祝福，是我們往前推進的動力。

送走舊的一年，用更多的愛及溫暖迎接新的一年。

——蔡青兒　寫於二〇二〇年 年底

#【附錄】全臺靜思閱讀書軒地圖

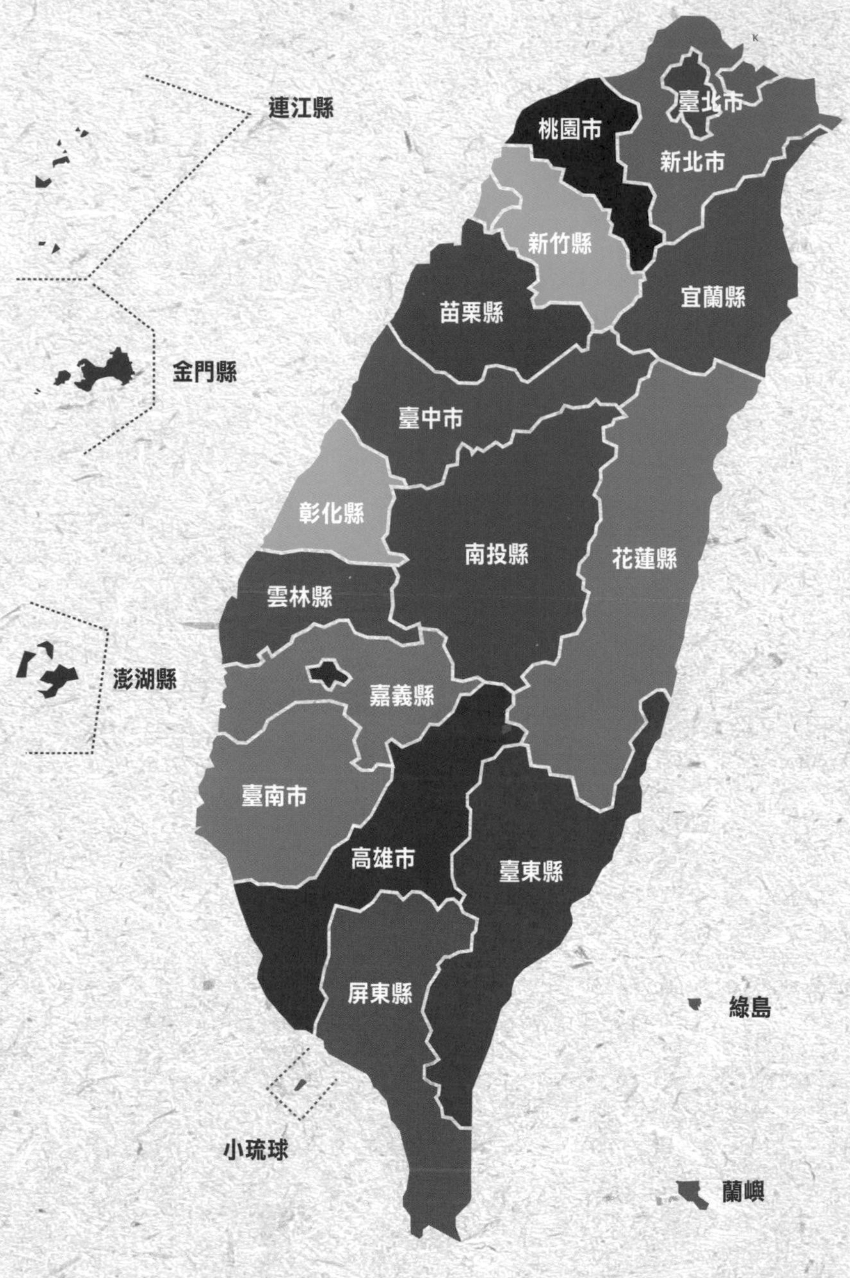

		啟用時間
NO.45	臺北景文高中	2018.09.10

NO.21	新北永和國小	2018.03.21
NO.24	新北思賢國小	2018.03.27
NO.28	新北土城國小	2018.05.04
NO.44	新北清水高中	2018.09.07
NO.47	新北南山中學	2018.09.28
NO.48	新北中和國中	2018.10.02
NO.50	新北永平國小	2018.10.12
NO.55	新北永平高中	2018.10.30
NO.72	新北漳和國中	2019.02.26
NO.83	新北大觀國小	2019.05.15
NO.93	新北深坑國中	2019.08.30
NO.94	新北國泰國小	2019.09.06
NO.120	新北瑞芳國中	2020.06.24
NO.148	新北雙溪高中	2020.12.15
NO.149	新北豐珠中學	2020.12.15

NO.49	桃園宏德進修學校	2018.10.02
NO.76	桃園介壽國中	2019.03.11
NO.140	桃園成功國小	2020.10.21

NO.78	新竹山崎國小	2019.03.27

NO.100	苗栗公館國中	2019.09.24
NO.127	苗栗造橋國中	2020.09.02
NO.137	苗栗後龍國中	2020.09.29

NO.12	臺中霧峰國小	2017.12.06
NO.32	臺中東勢國中	2018.05.24
NO.60	臺中太平國小	2018.11.07
NO.136	臺中中平國中	2020.0929

NO.2	南投竹山國小	2017.09.15
NO.4	南投埔里國小	2017.10.19
NO.5	南投平和國小	2017.10.19
NO.11	南投南投國中	2017.11.24
NO.15	南投僑光國小	2017.12.25
NO.16	南投碧峰國小	2017.12.26
NO.17	南投延平國小	2018.01.22
NO.18	南投社寮國中	2018.01.22
NO.33	南投中原國小	2018.05.29
NO.34	南投鹿谷國小	2018.05.29
NO.35	南投集集國小	2018.05.30
NO.36	南投延和國中	2018.05.30
NO.64	南投漳和國小	2018.12.22
NO.65	南投國姓國中	2018.12.22
NO.128	南投中寮國中	2020.09.03
NO.129	南投南豐國小	2020.09.03
NO.134	南投埔里國中	2020.09.23
NO.135	南投中峰國小	2020.09.24
NO.143	南投瑞田國小	2020.11.24
NO.144	南投伊達邵國小	2020.11.24
NO.145	南投鹿谷國中	2020.11.25

NO.121	雲林宜梧國中	2020.07.02

NO.46	嘉義溪口國中	2018.09.19
NO.90	嘉義大埔國中小學	2019.06.26
NO.91	嘉義六嘉國中	2019.06.26
NO.122	嘉義大林國中	2020.07.02
NO.123	嘉義更寮國小	2020.07.03
NO.124	嘉義六腳國小	2020.07.03
NO.133	嘉義東石國小	2020.09.23

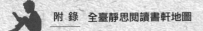

NO.87	高雄旗山國中	2019.06.14
NO.88	高雄後庄國小	2019.06.14
NO.89	高雄溝坪國小	2019.06.15
NO.101	高雄中崙國小	2019.09.26
NO.102	高雄九曲國小	2019.09.29
NO.103	高雄觀亭國小	2019.09.27
NO.106	高雄前鎮國中	2019.10.29
NO.107	高雄楠陽國小	2019.10.30
NO.108	高雄明陽中學	2019.11.01
NO.111	高雄忠孝國中	2020.03.20
NO.125	高雄三民國中	2020.07.13
NO.126	高雄梓官國中	2020.07.13
NO.138	高雄大仁國中	2020.10.20
NO.139	高雄屏山國小	2020.10.20

NO.1	屏東高泰國中	2017.07.27
NO.141	屏東萬丹國小	2020.10.28
NO.142	屏東白沙國小	2020.10.29

NO.29	宜蘭憲明國小	2018.05.06
NO.39	宜蘭三星國中	2018.06.20
NO.40	宜蘭順安國中	2018.06.21
NO.53	宜蘭三星國小	2018.10.26
NO.54	宜蘭大隱國小	2018.10.26
NO.68	宜蘭東興國小	2018.10.27
NO.69	宜蘭大溪國小	2018.10.28
NO.70	宜蘭三民國小	2018.10.28
NO.82	宜蘭南屏國小	2019.04.03
NO.97	宜蘭頭城國小	2019.09.17

NO.3	花蓮明義國小	2017.10.05
NO.20	花蓮佳民國小	2018.03.13
NO.30	花蓮慈中小學	2018.05.17
NO.38	花蓮宜昌國小	2018.06.11
NO.43	花蓮正德進修學校	2018.08.24
NO.92	花蓮慈濟大學	2019.07.29
NO.104	花蓮慈濟科技大學	2019.10.04

		啟用時間
NO.71	臺南慈濟小學	2019.01.17
NO.95	臺南玉井國中	2019.09.09
NO.96	臺南南化國中	2019.09.10
NO.105	臺南玉井國小	2019.10.29
NO.109	臺南楠西國中	2019.11.25
NO.110	臺南山上國中	2019.11.25
NO.112	臺南渡拔國小	2020.04.06
NO.113	臺南永安國小	2020.04.07
NO.114	臺中大華國中	2020.04.22
NO.115	臺南東山國中	2020.06.02
NO.116	臺南左鎮國小	2020.06.03
NO.117	臺南新市國小	2020.06.03
NO.118	臺南漚汪國小	2020.06.15
NO.119	臺南大內國中	2020.06.15
NO.130	臺南南興國小	2020.09.14
NO.131	臺南安溪國小	2020.09.15
NO.132	臺南竹門國小	2020.09.15
NO.146	臺南崇和國小	2020.12.10
NO.147	臺南塭內國小	2020.12.10

NO.13	高雄杉林國中	2017.12.12
NO.27	高雄廣興國小	2018.05.01
NO.31	高雄甲仙國中	2018.05.21
NO.56	高雄竹後國小	2018.10.31
NO.57	高雄龍肚國中	2018.10.31
NO.61	高雄杉林國小	2018.11.15
NO.62	高雄圓富國中	2018.11.15
NO.63	高雄大樹國中	2018.11.16
NO.77	高雄水寮國小	2019.03.12
NO.79	高雄正興國小	2019.03.29
NO.80	高雄桃源國中	2019.03.29
NO.81	高雄瑞豐國小	2019.04.01
NO.84	高雄溪埔國小	2019.05.16
NO.85	高雄油廠國小	2019.05.29
NO.86	高雄獅甲國中	2019.05.30

NO.6	臺東光明國小	2017.10.25
NO.7	臺東桃源國中	2017.10.25
NO.8	臺東豐源國小	2017.11.15
NO.9	臺東新港國中	2017.11.15
NO.10	臺東知本國小	2017.11.16
NO.14	臺東復興國小	2017.12.21
NO.22	臺東公館國小	2018.03.22
NO.23	臺東綠島國中	2018.03.22
NO.25	臺東知本國中	2018.04.24
NO.26	臺東建和國小	2018.04.26
NO.37	臺東朗島國小	2018.06.08
NO.51	臺東豐田國中	2018.10.12
NO.52	臺東池上國中	2018.10.15
NO.66	臺東大王國小	2018.12.25
NO.67	臺東三民國小	2018.12.25
NO.73	臺東卑南國中	2019.03.07
NO.74	臺東三仙國小	2019.03.07
NO.75	臺東關山國中	2019.03.08
NO.98	臺東豐榮國小	2019.09.19
NO.99	臺東寶桑國小	2019.09.19
NO.150	臺東海端國中	2020.12.23

NO.41	金門柏村國小	2018.06.28
NO.42	金門古寧國小	2018.06.28
NO.19	馬祖馬祖高中	2018.03.06
NO.58	澎湖文光國小	2018.11.01
NO.59	澎湖中山國小	2018.11.01

全臺閱讀之旅——
走過的身影與印記

靜思閱讀書軒
地震了

靜思語

靜思人文
JING SI CULTURE

閱讀，讓希望綻放——靜思閱讀書軒足跡

作　　者 / 蔡青兒
全書圖片攝影・提供 / 蔡青兒、陳慮琳、賴永祥、林家如（第221頁）
總 編 輯 / 李復民
特約主編 / 吳毓珍
封面設計 / Javick工作室
美術編輯 / Javick工作室、陳香郿
專案企劃 / 蔡孟庭、盤惟心

出　版 / 遠足文化事業股份有限公司（發光體文化）
發　行 / 遠足文化事業股份有限公司
地　址 / 231新北市新店區民權路 108之 2號 9樓
電話：(02) 2218-1417　傳真：(02) 8667-1065
電子信箱：service@bookrep.com.tw
網址：www.bookrep.com.tw
郵撥帳號：19504465遠足文化事業股份有限公司

讀書共和國出版集團

社　長 / 郭重興
發行人兼出版總監 / 曾大福

業務平臺

總經理 / 李雪麗　　副總經理 / 李復民
海外業務協理 / 張鑫峰　　特販業務協理 / 陳綺瑩
實體業務協理 / 林詩富　　專案企劃經理 / 蔡孟庭
印務經理 / 黃禮賢　　印務主任 / 李孟儒

慈濟人文出版社

地址：臺北市忠孝東路三段二一七巷七弄十九號一樓
電話：02-28989888
傳真：02-28989889
郵政劃撥：06677883 互愛人文志業股份有限公司
網址：http://www.jingsi.org

法律顧問 / 華洋法律事務所 蘇文生律師
印　　製 / 沈氏藝術印刷股份有限公司

2021年3月17日初版一刷　　定價：420元
ISBN 978-986-99855-0-5　　書號：2IGN0004

團體訂購請洽業務部(02) 2218-1417分機1132、1520
讀書共和國網路書店 www.bookrep.com.tw
全球靜思書軒 www.jingsi.com/index.php/stores
靜思網路書軒 https://store.jingsi.com

國家圖書館出版品預行編目 (CIP)資料

閱讀，讓希望綻放：靜思閱讀書軒足跡 / 蔡青兒作. -- 初版. -- 新北市：遠足文化事業股份有限公司發光體出版：遠足文化事業股份有限公司發行，2021.03
面；　公分
ISBN 978-986-99855-0-5(平裝)
1.佛教事業 2.書業 3.閱讀

220.6　　109021971